中国航空法文库

王瀚　总主编

5

航空排放的国际法治

刘萍◎著

法律出版社
LAW PRESS·CHINA

总　　序

西北政法大学副校长王瀚教授所率领的致力于航空法和空间法研究的博士研究生团队，将已出版或即将出版的国际航空法著作，作为“中国航空法文库”，实为中国学术史上系统研究国际航空法的首创，对正在飞跃中的中国民航事业认知国际航空法律体系，强化其在国际民航运输上的竞争力，将产生巨大影响。

国际航空法律秩序肇始于 1919 年《巴黎国际航空公约》、1929 年《华沙公约》及 1944 年《芝加哥航空公约》。国际航空法实际应用则将其切割为二元化，分别定为规范国家间航空合作关系的国际航空公法体系及规范国际民航事业相互权利义务竞合关系的国际航空私法体系。国际航空法律秩序的特性并非一成不变，而是受多元因素的影响与时俱进。科技进步与经济全球化的影响、飞行安全的强化、新反恐安保、法治与环境保护等发展，使国际航空秩序趋向多元化的规范。此种现象导致国际航空法新领域持续扩张，“中国航空法文库”的创建，将提供政府相关单位、民航企业、学术机构及航空法务工作者新的信息，并将鼓舞年青学子学习、研究航空法的兴趣与热忱。

1990 年以来中国民航运输业逐渐扩充其运量，现已与欧美鼎足而三，但是中国对国际航空公法与私法的理解与应用却未与民航事业发展成正比。亚洲各国法学教育亦未重视国际航空法的教学与研究，各学术机构亦未推动对航空法的系统研究与出版。王瀚教授于 2012 年 8 月出版《国际航空运输责任法研究》一书，首开中国学者以中文研究国际航空私法的先河，继之规划出版本文库，径将百年来中文国际航空法资料的真空予以填补，实为对中国学术的一大贡献。

“中国航空法文库”将分批出版，涉及国际航空法各种专题，特别是其中属于英美法系的航空产品责任、航空垄断行为法、航空排放问题、航空器融资租赁法等航空私法的新领域均构成对相关航空运输主、客体的一种新挑战。“中国航空法文库”适时提供这些新发展的解决之途，其应用价值自不待言。

西北政法大学80年校庆之际，“中国航空法文库”首批著作出版，实为喜中之喜，值得庆贺。谨作序预祝西北政法大学不仅成为中国与亚洲研究国际航空法的数据中心基地，亦成为亚洲及世界各国研究国际航空法交流与合作的新平台。

亚洲国际航空暨空间法学会会长

程家瑞

2017年8月

目　录

第一章 导 论

第一节 选题背景

航空活动对于人类社会的文明进步起到了举足轻重的作用，然而，快速发展的航空运输业对环境造成的负面影响正日益受到关注。尤其是20世纪90年代以来，随着社会公众对温室气体排放引发的全球气候变化的担心，“航空与气候变化问题”逐渐成为“热门”话题。联合国前秘书长潘基文（BAN Ki-moon）在国际民用航空组织（International Civil Aviation Organization，以下简称国际民航组织或ICAO）发布的《2010环境报告》序言中谈道：“航空运输使我们的世界更紧密地连接在一起。从我们发送的货物到我们访问的人民和地方，航空运输塑造了现代生活质量和全球社会意识的提高。然而，这些进步并不是没有成本。展望未来，我们必须确保国际航空尽可能提高能源效率并尽可能减少对气候和生态系统的有害影响。”①

航空活动会对我们的环境和地球产生一定负面影响，主要表现在航空噪声、航空废水、航空废弃物及航空排放等方面。其中，航空噪声、航空废水、航空废弃物对环境的有害影响集中于有关机场及机场周围近地面，对于这些航空环境问题进行法律规制难度较小、争议不大，一般由各主权国家根据已有的国际条约和本

① ICAO, “Environmental Report 2010”, Accessed March 12, 2012. http://www.icao.int/environmental-protection/Pages/EnvReport10.aspx.

国的实际情况通过国内立法措施即可解决。但航空排放则不然。航空排放特别是国际航空排放,会随着航空运输路线的国际延展及气流的运动对全球性气候系统产生影响,因此,航空排放是一个全球性问题,对该问题的法律规制完全依靠国内措施或区域性单边措施不能有效解决,特别是欧盟于2008年通过法令将航空排放单方面纳入其温室气体排放交易体系(European Union Emissions Trading System,EU ETS)的做法,更是引发国际社会普遍质疑和反对。

航空排放需要在全球治理理念下通过国际法治加以解决。全球治理(global governance)是近年来国际政治理论领域备受关注和日显重要的理念。全球治理是对国内治理的扩张,是观察全球生活、解决全球问题的一个视角。[①]"全球治理"理念提出和确立的基本背景是全球性问题的出现和增多,诸如战争与和平、南北关系、生态失衡、环境污染、人口爆炸、资源短缺、国际恐怖主义等。全球性问题决定了对这类问题的解决需要的不是单边而是多边的联合行动,不是单方面的个体决策而是更多地建立在合作基础上的全球公共政策、规划和综合治理。[②] 环境和气候系统作为地球的生命支持系统,被公认是一个不可分割的整体,没有东西南北之分,全球人类环境安全的新概念、新要求,迫使世界各国需要建立一种积极、务实的相互联系的新框架,共同进行全球环境治理。航空排放的国际法治是全球环境治理系统工程的一个组成部分。

德国发展研究所所长德克·梅斯纳(Dirk Messner)提出,全球治理的目标与宗旨为"发展一整套包括制度、规则及新型国际合作机制在内的体制,以此为基础不断应对全球挑战和跨国现象所产生的问题"。[③] 全球治理以国际法治为重要依托,以良好运行的国际法律规则和制度体系为主要根据。国际上尽管在保护环境应对气候变化方面已经形成了一定的国际规则和制度,达成了《联合国气候变化框架公约》(以下简称《气变公约》)、《京都议定书》及《巴黎协定》。但《气变公

① 参见陈承新:《国内"全球治理"研究述评》,载《政治学研究》2009年第1期。
② 参见王荔红:《浅谈全球治理理论及其制度治理实践》,载《东南亚纵横》2003年第11期。
③ 参见陈承新:《国内"全球治理"研究述评》,载《政治学研究》2009年第1期。

约》对航空温室气体排放规定得并不清楚,而作为对《气变公约》具体化的《京都议定书》则将国际航空温室气体排放排除在议定书之外,并将该问题交由国际民航组织规制,《巴黎协定》虽然创新性地确立了以自下而上(bottom-up)为主的混合型治理模式(hybrid climate governance structure),但是在国家自主贡献的履行方面却欠缺有效的监督和惩罚机制,很难落实缔约国的实际减排义务。国际民航组织对国际航空排放问题做出了一些努力,取得了一定的成果,在普遍共识基础上形成了一系列国际性规则,但这些成果具有明显的阶段性特征,多数为"软法"性质,没有强制性法律约束力。因此,航空排放国际法制度性供给不足。

由于对航空排放国际法治现状不满,欧盟于2008年单方面通过2008/101/EC法令,将抵达或离开欧盟成员国境内所有航班(国内航班和国际航班)的全程航空碳排放纳入欧盟碳排放交易体系。欧盟此举属于航空排放的区域法治,[①]引发了国际社会更多的争论和质疑,中国、美国、俄罗斯、巴西、印度等众多国家及国际航空运输协会(International Air Transport Association,以下简称国际航协或IATA)等利益相关方明确表示反对。2009年,美国航空运输协会联合3家美国航空公司在英国高等法院起诉,致使航空排放争端法律化。英国高等法院将此案移交欧盟法院。尽管欧盟法院已作出判决驳回了原告的起诉,但航空排放争端国际官司的脚步并未停歇。欧盟航空碳排放交易制度在强大的国际压力和反对声音之下陷入僵局,实施效果令人担忧。[②] 但是,欧盟区域措施也在一定程度上促使国际社会增强了对航空排放国际法治的诉求。

目前航空排放国际法治尚处在初步形成阶段,面临诸多变数、不确定性因素

---

① 区域法治是在某些特定国家(主要是地理距离较近、或者具有特殊关系的国家)之间针对某问题形成一整套规则、制度和机制并加以遵行的治理模式。

② 欧盟于2012年11月宣布,在国际民航组织2013年秋季第38届大会召开之前暂停其区域性指令的适用。"Stopping the Clock of ETS and Aviation Emissions Following Last Week's International Civil Aviation Organization(ICAO)Council",Accessed December 20,2018. http://europa.eu/rapid/press-release_MEMO-12-854_en.htm.

和多种可能,因此,航空排放国际法治具有较为广阔的研究空间。什么是航空排放的国际法治?为什么航空排放需要国际法治?航空排放国际法治的领导者、参与者是谁?他们各自的利益关切点是什么?航空排放国际法治的关键环节有哪些?航空排放国际法治未来会如何走向?航空排放国际法治的中国立场及应对策略是什么?对这些问题的深入探究构成本书的基础。

第二节 文献综述

一、国外研究现状

国际上,航空排放国际法治的研究属于新领域。在LEXIS数据库检索,相关论文仅20余篇,且这些论文关注和讨论的问题较为有限,多针对欧盟航空排放交易规则、国际民航组织环境保护进展及部分主权国家的减排举措介绍等,缺少纵深性研究。欧美研究中,具有代表性和参考价值的主要有帕布罗·门德斯·戴莱·昂(Pablo M. J. Mendes De Leon)和史蒂文·米纳(Steven A. Mirmina)发表的论文《通过财政措施保护环境:合法性和正当性》(Protecting the Environment by Use of Fiscal Measures:Legality and Propriety),希瑟·米勒(Heather L. Miller)发表的论文《民用航空排放与国际条约法》(Civil Aircraft Emissions and International Treaty Law),珍妮尔·韦诺(Janelle Veno)发表的论文《飞行在不友好的天空:欧盟将航空纳入其排放交易体系的新提案》(Flying the Unfriendly Skies: the European Union's New Proposal to Include Aviation in their Emissions Trading Scheme),丹尼尔·里根(Daniel B. Reagan)发表的论文《将国际航空纳入欧盟排放交易体系:欧盟能单飞吗?》(Putting International Aviation into the European Union Emissions Trading Scheme: Can Europe do it Flying Solo?),戴维·亨特(David B. Hunter)和努诺·拉卡斯塔(Nuno Lacasta)发表的论文《欧盟气候政策及经验》(Lessons Learned From the European Union's Climate Policy),维多利亚·朱吉·卡米纳蒂(M. Vittoria Giugi Carminati)发表的论文《清洁空气和暴风雨的

天空:EUETS 强加美国航空公司购买碳配额》(Clean Air & Stormy Skies: The EU-ETS Imposing Carbon Credit Purchases on United States Airlines)等。

荷兰莱顿大学航空与空间法主任帕布罗·门德斯·戴莱·昂和史蒂文·米纳于 1997 年发表的《通过财政措施保护环境:合法性和正当性》一文,是国际上较早开始关注和探讨航空排放法律规制措施的文章。作者通过对飞机排放污染环境的问题,引出政府可以采取一些措施以减少航空业对环境的有害影响。作者进一步探讨了地方税或地方收费措施的可行性、效果及其影响。作者通过分析认为,尽管国家措施、区域措施比全球措施容易达成共识、容易实施,但建立在单个国家或区域基础上的措施在解决航空排放问题时,效果并不理想,有时,甚至会产生不利影响。由于航空排放问题的全球性,各国之间必须加强合作,在全球一级层面上解决问题。①

在希瑟·米勒撰写的《民用航空排放与国际条约法》一文中,作者分析比较了联合国气候变化框架公约和国际民航组织在规管民用航空温室气体排放问题上各自目前的进展及未来的趋势。文章认为,联合国气候变化框架公约并非规管民用航空温室气体排放适当的机构,国际民航组织更为合适。国际民航组织在全球变暖的讨论和政策制定时,应当与联合国环境署、世界气象组织、气候变化框架公约缔约方会议等各方密切合作。②

在珍妮尔·韦诺撰写的《飞行在不友好的天空:欧盟将航空纳入其排放交易体系的新提案》一文中,作者对欧盟将航空纳入其排放交易体系的新提案进行了较为详细的分析,阐述了欧盟提案产生的背景因素、具体内容、特点及航空公司的应对措施等,分析了各方对欧盟提案的反应。作者认为,由于航空排放问题需要全球性办法解决,因此,欧盟需要重新考虑该提案可能带来的后果,并努力寻找一

① See Pablo M. J. Mendes de Leon, Steven A. Mirmina, "Protecting the Environment by Use of Fiscal Measures: Legality and Propriety", *Air L. & Com.* 62, 1997, pp. 791 - 817.

② See Heather L. Miller, "Civil Aircraft Emissions and International Treaty Law", *Air L. & Com.* 63, 1998, p. 697.

个有效解决该问题的方案。①

在丹尼尔·里根撰写的《将国际航空纳入欧盟排放交易体系:欧盟能单飞吗?》一文中,作者探讨了欧盟将国际航空纳入其排放交易体系存在的政治、技术和法律等方面的问题,对欧盟方案进行了较为详尽的分析和批评,认为欧盟不应将国际航空包括在其排放交易计划之中。作者认为,应通过国际民航组织的多边途径解决国际航空排放问题。②

在戴维·亨特和努诺·拉卡斯塔撰写的《欧盟气候政策及经验》一文中,作者就国际气候条约背景下欧盟气候政策的发展、变迁进行了梳理和分析,认为尽管欧盟气候政策存在排放额度过度分配、碳价格整体趋势不稳定等问题,但基于欧盟气候政策建立的较为全面的碳市场仍然取得了很大成就,特别是在碳数据管理、碳配额分配、碳市场链接等方面值得美国借鉴。③

在维多利亚·朱吉·卡米纳蒂撰写的《清洁空气和暴风雨的天空:EU ETS强加美国航空公司购买碳配额》一文中,作者分析了美国航空公司诉欧盟航空排放交易指令合法性案件的缘由,认为由于国际民航组织未能就航空排放问题实施强制性措施,该问题成为"权力真空",致使欧盟采取行动。文章建议,美国应该在此方面有所作为。④

英文著作方面,已收集到的相关著作均是较笼统地探讨运输与环境或者航空运输与环境问题,如经济合作与发展组织(Organization for Economic Co-operation and Development,以下简称经合组织或 OECD)的《全球化、运输和环境》(*Globalization, Transport and the Environment*)、维尔纳·罗亨特(Werner Rothengatter)

① See Janelle Veno, "Flying the Unfriendly Skies: the European Union's New Proposal to Include Aviation in their Emissions Trading Scheme", *Air L. & Com.* 72, 2007, p. 659.

② See Daniel B. Reagan, "Putting International Aviation into the European Union Emissions Trading Scheme: Can Europe do it Flying Solo?", *B. C. Envtl. Aff. L. Rev.* 35, 2008, p. 349.

③ See David B. Hunter, Nuno Lacasta, "Lessons Learned from the European Union's Climate Policy", *Wis. Int'l L. J.* 27, 2009, p. 575.

④ See M. Vittoria Giugi Carminati, "Clean Air & Stormy Skies: The EU-ETS Imposing Carbon Credit Purchases on United States Airlines", *Syracuse J. Int'l L. & Com.* 37, 2010, p. 127.

的《转向气候智慧的运输》(*Transport Moving to Climate Intelligence*)、本·戴利(Ben Daley)的《航空运输与环境》(*Air Transport and the Environment*)等。目前,尚未检索和收集到能够与本书研究完全一致或基本对应的英文著作。

二、国内研究现状

目前,国内虽然存在少量以航空排放的国际法治为内容作专门研究的文献,但将研究重点放在对国际航空减排机制的发展历程上面,对 ICAO 国际航空减排机制并未进行深入的研究或讨论。在中国知网数据库检索的文献,大多数仍集中讨论欧盟航空排放规则。代表性论文如杨万柳的《国际航空排放全球治理的多维进路》及《国际航空排放全球治理的国际视域——以国际民航组织为中心》,李汝义的《航空碳减排的法律规制:域外经验与中国实践》,黄以天的《国际碳交易机制的演进与前景》,孟庆芬、李琦的《欧盟航空排放政策的发展及其影响》,林鹏的《欧盟航空排放交易实行在即,航空减排路在何方》,宣增益的《航空减排路径之探讨——兼评欧盟航空减排交易指令》,胡晓红的《欧盟航空碳排放交易制度及其启示》,梁咏的《欧盟碳减排的国际法规制——以航空业为例》,覃华平的《欧盟航空减排交易体制(EU ETS)探析——兼论国际航空减排路径》,龚宇的《欧盟航空减排新规:法律辨析与应对》等。

在杨万柳写的《国际航空排放全球治理的多维进路》一文中,作者认为,在国际航空减排领域,ICAO 虽然发挥着十分重要的作用但是其立法缺乏强制力,国际航空减排不应仅停留在义务的建议方面更多的还是要确保缔约国能够尽可能地遵守;且其减排程序的规定中也存在不足。因此,在未来的减排进程中,除了确保国际航空的主导地位外,还应加强技术的升级和合作机制的建立,最大程度上保障减排力度、促进减排义务的实际履行。① 而在其《国际航空排放全球治理的国际视域——以国际民航组织为中心》一文中,其对于 ICAO 在国际航空减排领

① 参见杨万柳:《国际航空排放全球治理的多维进路》,吉林大学法学院 2014 年博士学位论文,第 58 ~ 65 页。

域中的作用和限制持有相同的观点和看法。①

在李汝义的《航空碳排放的法律规制：域外经验与中国实践》一文中，则将研究重点放在了中国低碳发展法律体系的构架上，仅简要介绍了 ICAO 和欧盟的减排经验，作者认为应从制定《碳排放权交易法》及其相应的配套制度入手，健全国内碳交易机制的信息披露、配额分配及监管等多个方面。②

在黄以天的《国际碳交易机制的演进与前景》一文中，以争议到合作间的变化过程作为主线，介绍了国际碳交易机制的发展进程。作者认为，对于碳交易机制的设立现阶段存在两种方式：各国碳市场的连接及建立国际性的碳市场机制，而这两种措施的本质却是发达国家与发展中国家在国际碳交易领域义务承担界定方式和界定标准上的冲突问题。我国在构建交易规则时则应加强与其他发展中国家的合作，尽可能地提升我国的话语权和影响力。③

在孟庆芬、李琦撰写的《欧盟航空排放政策的发展及其影响》一文中，作者指出，尽管航空运输推动了经济增长、文化交流和就业机会，但它同时造成了气候变化，成为全球变暖的重要因素之一。文章通过分析欧盟航空排放政策的制定过程和主要内容，探讨了航空排放问题的解决之道，以及我国应当采取的应对之策。④

在林鹏撰写的《欧盟航空排放交易实行在即，航空减排路在何方》一文中，作者在分析了排放交易机制及其法律背景、欧盟排放交易机制、碳排放权及其交易和欧盟航空碳排放交易体系对全球航空业产生的巨大影响等基础上，探讨了针对欧盟航空排放交易实行在即的情况下，我国的应对之策：不能忽略可替代原料的发展、行业之间加强联手并严厉抵制其他国家和地区正在制定的区域性航空碳排

① 参见杨万柳：《国际航空全球治理的国际视域——以国际民航组织为中心》，载《北京理工大学学报》（社会科学版）2015 年第 4 期。

② 参见李汝义：《航空碳排放的法律规制：域外经验与中国实践》，载《武大国际法评论》2018 年第 4 期。

③ 参见黄以天：《国际碳交易机制的演进与前景》，载《上海交通大学学报》（哲学社会科学版）2016 年第 1 期。

④ 参见孟庆芬、李琦：《欧盟航空排放政策的发展及其影响》，载《中国民用航空》2007 年第 2 期。

放交易行为、加强宣传引导并培养旅客的环保意识等。①

在宣增益撰写的《航空减排路径之探讨——兼评欧盟航空减排交易指令》一文中，作者指出，联合国经过协商谈判先后达成了《气变公约》和《京都议定书》，建立了排放交易机制以减少或降低温室气体的排放。欧盟也于2008年正式通过其航空排放指令，将包括国际航空在内的所有航空排放纳入排放交易体系中。然而，欧盟以外的国家认为这一指令缺乏法律根基。文章认为，ICAO提出的"一揽子"可供成员国选用的减排措施方案，在现实条件下，是符合实际的、可行的方案。不过从长远来看，在"共同但有区别的责任"原则之下，达成国际统一的国际航空减排交易机制，规制国际航空减排是最佳选择。②

在胡晓红撰写的《欧盟航空碳排放交易制度及其启示》一文中，作者指出，国际社会对欧盟航空碳排放交易制度的域外效力存在质疑。文章认为，基于欧盟及其成员国缔结或加入的有关航空业的双边条约、国际公约或国际文件，欧盟航空碳排放交易制度的域外效力实际上是不确定的。针对这一现象，作者认为我国应当尽快启动中欧新双边民用航空运输协定谈判、实施碳税制度并逐步推行碳排放总量控制和交易制度，以便从制度上防范碳成本差异、保护我国企业的市场竞争。③

在梁咏撰写的《欧盟碳减排的国际法规制——以航空业为例》一文中，作者指出，欧洲议会、欧洲理事会的第2008/101/EC号指令引发多国航空业的极力反对。文章在分析了欧盟航空业碳减排规则之争、欧盟航空业碳减排规则之变迁等基础上，探究了系争措施的实质及其在现行国际法体系中的合规性，为化解欧盟与反对方之间的摩擦升级提出了应对之策。④

① 参见林鹏：《欧盟航空排放交易实行在即，航空减排路在何方》，载《中国民用航空》2009年第12期。

② 参见宣增益：《航空减排路径之探讨——兼评欧盟航空减排交易指令》，载《中国政法大学学报》2011年第1期。

③ 参见胡晓红：《欧盟航空碳排放交易制度及其启示》，载《法商研究》2011年第5期。

④ 参见梁咏：《欧盟碳减排的国际法规制——以航空业为例》，载《法学》2011年第12期。

在覃华平撰写的《欧盟航空减排交易体制(EU ETS)探析——兼论国际航空减排路径》一文中,作者指出,欧盟无视《京都议定书》中"各国应当通过国际民用航空组织来解决国际航空活动的排放问题,而不应当将其纳入国内排放体系"的规定,从而引发了国家和区域性政策的重叠和冲突。文章在介绍 EU ETS 的基础上,根据现有的国际法框架,分析了欧盟采取单边行动将国际航空排放纳入 EU ETS 的合法性。文章最后指出:虽然国际航空排放问题是整个国际社会急需共同解决的问题,但是欧盟这种单边行动缺乏国际法根据,将导致各国之间不必要的贸易摩擦,甚至争端,也将给正在复苏的国际民用航空业造成打击。①

在龚宇撰写的《欧盟航空减排新规:法律辨析与应对》一文中,作者指出,在航空温室气体排放对于气候变化的影响尚无多边层面的解决方案的背景下,欧洲议会于 2008 年 7 月通过了一项指令,自 2012 年 1 月 1 日起将航空业纳入欧盟温室气体排放交易体系。这项指令对所有在欧盟成员国机场起降航班的全程二氧化碳排放都进行了严格规制。对此,文章主要探讨了欧盟这一单边主义举措的合法性,进而提出相应的应对之策。②

三、现有研究不足

从上述研究可知,国际上对航空排放法律规制的研究内容上相对较为广泛,包括欧盟航空排放交易规则、国际民航组织环境保护进展及美国举措等均在研究之内,虽然研究成果不多,但已具有一定的深度和广度。比较而言,国内的研究虽然也有一些,但关注和讨论的问题较为有限、集中,基本上都是就欧盟航空排放交易规则及其合法性和对策问题进行探讨及对国际民用航空减排与碳交易的发展进程与发展现状,缺少对航空排放国际法治问题的深入研究。

针对上述研究现状,笔者认为,欧盟航空排放交易规则是助推航空排放国际法治的"催化剂",但欧盟航空排放交易规则只是研究问题的起点。由于航空排

① 参见覃华平:《欧盟航空减排交易体制(EU ETS)探析——兼论国际航空减排路径》,载《比较法研究》2011 年第 6 期。

② 参见龚宇:《欧盟航空减排新规:法律辨析与应对》,载《国际经济法学刊》2011 年第 4 期。

放问题的跨国性、全球性,区域方法或国家方案并非解决该问题的适当方法,该问题最终需要通过国际法治途径加以解决。因此,对航空排放国际法治研究具有现实意义。航空排放的国际法治目前处在规则初建阶段,国际性减排规则尚处于建立之初还处于探索阶段,未来如何发展面临较大不确定因素,这使航空排放国际法治的研究具有较大难度,但也使此方面的研究具有更长的延展空间。本书拟将航空排放的国际法治作为选题,对航空排放国际法治的基本内涵、诉求缘由、立法主体、现有基础进行较为深入的探究和梳理,在此基础上,对航空排放的未来发展做一些分析和预测,进而针对我国在航空排放国际法治这一进程中的应对之策提供一些建议和思考。

第三节 研究思路和创新点

本书从国际法治角度对航空排放引发的空气质量、气候变化等问题的国际法律规制进行探究,阐明航空排放的特殊性,分析航空排放国内法治的局限性,论证航空排放国际法治的必要性,比较航空排放国际法治的途径,梳理航空排放国际法治的现状,洞察现有国际立法障碍与问题,探究可能的未来趋势,进而分析航空排放国际法治对我国的影响、启示与我国应采取的对策。

本书的理论创新主要表现为以下三点:

第一,研究视域的创新。从国际法治的角度研究航空排放问题,抓住了航空排放法律规制的核心和基本路径。围绕航空排放国际法治的基本含义、诉求缘由、立法主体、现有基础、未来发展及中国对策开展研究,对航空排放国际规则拟定的困境、利益争点、现实需求等运用国际法治的理论加以阐释和说明,有助于推动学界对该问题的进一步研究。

第二,研究内容的创新。对航空排放国际法治的内涵进行提炼和概括,对航空排放国际法治的理念进行分析和阐释,对航空排放国际法治的缘由进行追溯和探究,对航空排放国际法治的主体进行比较和反思,梳理航空排放国际法治的现状与未来,针对航空排放国际法治进程提出我国应对之策,丰富了我国国际航空环境法的研究内容。

第三,对策研究的创新。在对我国航空排放整体形势分析的基础上,指出我国目前对民航节能减排工作形势认识较准但研究基础薄弱,减排意愿较强但掣肘因素较多,减排目标较明确但措施机制不足,针对性地提出我国应努力争取我国民航业快速发展的国际空间,系统开展航空排放问题的基础性研究,逐步建立完善的航空减排法规体系。

本书是我国学者对航空排放国际法治研究的有益尝试,研究成果能够丰富和拓展我国国际环境法学、国际航空法学现有研究视域,并对我国参与新一轮国际航空运输市场竞争具有意义。此外,本书对于我国航空法、航空行政规章的制定和修改具有一定参考作用;对于我国民航局、交通部、能源部、生态环境部等行政主管部门的行政决策具有一定启示作用;对于航空公司、航空工业制造公司等企业行为具有一定指引作用。

"航空与气候变化"是一个20世纪末才开始被关注的问题,对航空排放引发的气候变化等进行国际法律控制对于整个国际社会均是一个新的课题,相关国际规则、制度尚处在初步形成之中,法律框架并未定型,在国际法治的路径、模式、理念、措施等方面存在诸多难题和分歧点,如何洞悉这些法律难题、对之进行深入分析,并在此基础上合理提出我国应对航空排放的法律措施,是本书的重点和难点,也是本书的创新之处。

第二章　航空排放国际法治:基本内涵

相关术语的解释是讨论问题的前提。航空排放国际法治的基本内涵建立在“航空排放”“国际法治”等术语的理解和认知基础之上,航空排放国际法治的基本内涵还包含航空排放国际法治的价值目标、基本原则等多维问题。

第一节　航空排放国际法治的含义

一、航空排放及相关术语

(一)航空排放

航空排放是本书的核心概念,但现有文献在讨论航空排放时,多采用描述式、列举式,鲜有抽象式定义,对“航空排放”做概念性剖析十分必要。

“航空排放”概念中的“航空”是对“排放”的限定,具体而言,是对排放“源”的限定。但这种限定仍可能有多种理解,可以理解为仅指航空器发动机的排放,也可以理解为航空运输活动及整个航空产业(包括航空运输、航空制造、空中管理、机场服务、航空维修等)产生的排放。显然,前者的理解属于狭义,后者的理解属于广义。从航空减排是整个航空业共同需要面对的问题这个角度出发,对于航空排放应取广义;但从国际社会目前的关注点来看,一般多取狭义,即多指航空器发动机在工作过程中因航油燃烧而向大气中释放的气体和颗粒物。

就“航空排放”概念中“排放”二字的理解,1992 年《气变公约》第 1 条之规定可以作为一个参照。该公约第 1 条第 4 款规定,“排放是指温室气体和/或其前体在一个特定地区和时间内向大气的释放”。该公约之所以将其所称之“排放”限定为“温室气体和/或其前体”,主要原因在于该公约的目的是通过限制温室气体排放来保护气候系统。因此,该公约对“排放”的定义属限定性定义,限定为“温室气体”。就航空排放的国际法治而言,航空温室气体排放无疑是很重要的问题,但从航空排放对环境的影响以及国际民航组织对航空排放的法律规制来看,并不仅限于航空温室气体排放,特别是在国际民航组织环境保护的早期阶段(20 世纪 60 年代至 90 年代),当时更为关注航空一氧化碳等有害人类身体健康的物质的排放。因此,将“航空排放”中的“排放”理解为包括温室气体、其他气体及颗粒物在内的各种排放物较为适当。

因此,“航空排放”一词可有广义和狭义两种界定。狭义上的“航空排放”,指航空器发动机在工作过程中因航油燃烧而向大气中释放的温室气体、其他气体及颗粒物在内的各种排放物。广义上的“航空排放”,指航空运输活动及整个航空产业(包括航空运输、航空制造、机场服务、航空维修等)在工作、生产、服务过程中向大气中释放的温室气体、其他气体及颗粒物在内的各种排放物。本书如未作特别说明,均采狭义理解。

(二)国内航空排放、国际航空排放

根据航空运输路线的不同,可以将航空排放分为国内航空排放和国际航空排放。

国内航空排放,是指航空运输路线完全在一国管辖范围内的航空排放,即国内航班运输产生的排放。就国内航空排放而言,由于其污染足迹完全处于一国范围之内,对排放归属于何国及由何国对该类排放行使管辖权不存在争议,其法律规制可以由相关主权国家根据既有国际条约(如《气变公约》《京都议定书》《巴黎协定》等)或国家立法自行决定,并无太大障碍和争论,因此,国内航空排放并非航空排放国际法治需要讨论的重点。

国际航空排放,是指航空运输路线超越一国管辖范围的航空排放,即国际航班运输排放。与国内航空排放不同,国际航空排放的法律规制复杂很多。由于国际航空排放的足迹分处不同国家领空以及公海上空，任何单方面国内立法或区域立法措施均难以奏效，无论哪一国家或区域行使立法管辖权对国际航空排放进行法律规制，均面临其立法管辖权的正当性、合法性挑战，还会导致立法条块分割。国际航空排放需要国际社会通力合作建立全球统一的国际法律机制加以解决，因此，国际航空排放是航空排放国际法治的重点。

（三）航空污染类排放、航空非污染类排放

航空排放物主要包括氧气、氮气、二氧化碳、水蒸气、硫氧化物、氮氧化物、未燃尽或部分燃烧碳氢化合物、一氧化碳、微小颗粒以及其他微量化合物。[①] 其中，公认对大气造成污染的物质有一氧化碳、碳氢化合物、氮氧化物、二氧化硫、悬浮微粒等。其他排放物，如氧气、氮气等可归入非污染类排放。

航空二氧化碳的排放较为特殊。由于二氧化碳的排放对于人体健康并没有直接损害性影响，加之近地面航空二氧化碳排放多被地面吸收，对环境影响不大。[②] 因此，航空二氧化碳排放长期并未纳入航空污染类排放清单，也未对其实施国际法律监管。但自 20 世纪 90 年代起，随着人类社会对全球气候变化认识的不断推进，这种局面正在改变。航空二氧化碳排放不仅纳入污染类排放清单，而且计算结果表明：二氧化碳与氮氧化物的排放主要集中在航路飞行阶段，一氧化碳与碳氢化合物的排放主要集中在机场滑行阶段，四种污染物排放量从大到小的顺序依次为二氧化碳、氮氧化物、一氧化碳与碳氢化合物。[③] 航空二氧化碳排放成为航空污染环境的罪魁祸首。

航空二氧化碳排放（以下简称航空碳排放）在全球人为碳排放中占有约 2%的份额，尽管份额不大，但航空碳排放的跨国性、高空性、高增长性及航空碳排放

---

① 参见夏卿：《飞机发动机排放对机场大气环境影响评估研究》，南京航空航天大学民航学院 2009 年博士学位论文，第 12 页。

② See ICAO, "Environmental Report 2010", Accessed March 12, 2012. http://www.icao.int/environmental-protection/Pages/EnvReport10.aspx.

③ 参见魏志强、王超：《航班飞行各阶段污染物排放量估算方法》，载《交通运输工程学报》2010 年第 6 期。

法律规制措施的“短板”,使航空碳排放十分显眼。加之,“碳减排”是国际社会焦点话题,碳减排过程中衍生的“碳政治”“碳市场”“碳金融”“碳外交”的争夺牵动着国际社会不同国家、不同利益集团的敏感神经。因此,“航空碳排放”,特别是“国际航空碳排放”是航空排放国际法治的关键问题、核心问题。①

二、国际法治及相关术语

(一)法治

法治,作为一种国家或社会治理的价值、精神、理念和理论,由来已久,法治的思想可以追溯到柏拉图的《论共和国》和亚里士多德的《论政治学》。虽然不同学者对法治的界定各不相同,但一个社会或一个国家的法治至少包括三个基本要素:(1)一个国家实行法治而非人治,即有法可依,且法律至上;(2)法律平等地适用于所有人格者,即法律面前人人平等;(3)建立了司法体系,公正地裁决法律争端和保护合法权益,即司法的公平、正义。②

2004 年,联合国秘书长在向安理会提交的名为《冲突与后冲突社会中的法治与过渡司法》报告中,对“法治”的含义进行了阐述:“在联合国使命中,法治是一个核心概念。法治意味着一个治理原则(a principle of governance),在这个原则中,所有个人、机构和实体(无论公私),包括国家本身,都应对法律负责;这些法律是公开发布的,可平等适用和独立裁判,并与国际人权规范和标准相一致。法治要求坚持法律至上原则、法律面前人人平等、法律责任原则、法律的公正适用原则、分权原则、决策参与原则、法律明确原则、非武断原则和透明度原则。”③

(二)国内法治、区域法治和国际法治

根据适用的空间和地域不同,可以将法治分为国内法治、区域法治和国际法

① 参见刘萍:《论航空排放的国际法律规制》,载《法学杂志》2011 年第 9 期。

② 参见曾令良:《中国践行国际法治 30 年:成就与挑战》,载《武大国际法评论》2011 年第 1 期。

③ Security Council of the United Nations, Report of the Secretary-General, The rule of law and transitional justice in conflict and post-conflict societies, S/2004/616, 23 August 2004, p. 4, para. 6. “the principles of supremacy of law, equality before the law, accountability to the law, fairness in the application of the law, separation of powers, participation in decision-making, legal certainty, avoidance of arbitrariness and procedural and legal transparency.”

治，国内法治适用于各个国家或各个国内社会，区域法治适用于某些特定国家之间（如欧盟），国际法治适用于整个国际社会或全球社会。其中，区域法治较为特殊，在一些国际文件中并未单列出来，而是将其作为国际法治的一部分，但笔者认为，将区域法治归入国际法治并不合适，为了更为清楚的表达，本书将区域法治和国内法治、国际法治并列提出。

国际法治概念的提出和实施较晚，虽然国际法治概念可以追溯到《联合国宪章》，但直到1992年联大才正式将法治列为议程进行审议。[①] 联合国成立60周年之际，世界各国与政府首脑共聚一堂，通过了《2005年世界首脑会议成果》。其第一部分"价值与原则"强调"国家和国际的良治和法治，对持续经济增长、可持续发展及消除贫困与饥饿极为重要"；在第四部分"人权与法治"中表达了"在国家和国际两级全面遵守和实行法治"的全球共识，将法治和国际法界定为国际秩序的两大基础，重申决意维护《联合国宪章》的宗旨和原则及国际法的重要性，认为这是国家间和平共处及合作不可或缺的。[②]

对于"国际法治"，不同学者有着不同的理解和表达。清华大学车丕照认为："国际法治应该是这样一种状态：作为国际社会成员的国家，在缺乏集中的立法和司法机制的情况下，以其相互约定作为国际法规则的主要创设方式，通过自我约束和相互约束，使国际社会处于公平的法律规则治理之下。"[③]吉林大学何志鹏认为："国际法治是指国际社会各行为体共同崇尚和遵从人本主义、和谐共存、持续发展的法律制度，并以此为基点和准绳，在跨越国家的层面上约束各自的行为、确立彼此的关系、界定各自的权利和义务、处理相关事务的模式与结构。"[④]美国纽约大学法学院杰瑞米·沃德龙（Jeremy Waldron）教授则认为，在谈论国际领域中的法治的时候，不是在追问是否存在国际法，或者什么是国际法，或者如何评价某

---

① 参见曾令良：《中国践行国际法治30年：成就与挑战》，载《武大国际法评论》2011年第1期。

② See United Nations, Resolution Adopted by the General Assembly, "2005 World Summit Outcome", A/RES/60/1, 24 October 2005, para. 134.

③ 车丕照：《我们可以期待怎样的国际法治》，载《吉林大学社会科学学报》2009年第4期。

④ 何志鹏：《国际法治：一个概念的界定》，载《政法论坛》2009年第4期。

一特定的条约,或是探究习惯国际法的价值,或是考虑国际法在国内法院中的可实施性;“法治”提示我们的是一整套与正当性相关联的价值和原则体系。①

国际法治可以理解为通过“良法”治理国际社会的模式和结构,遵循“国际良法之治”,其基石是体现国际社会公平、正义的国际规则的构建和遵从。

三、航空排放国际法治含义解析

中外学者对国际法治的阐述,可以帮助我们揭示航空排放国际法治的基本含义。航空排放的国际法治是指国际社会相关各利益方共同崇尚、推动在航空排放问题上达成一个公平、正义的全球性法律制度或框架,并加以遵从,受其约束,以尽可能限制或减少航空排放对环境影响的过程。

与国内法治和区域法治相比,航空排放国际法治具有以下优势:第一,全球统一。航空排放国际法治可以起到引导、规范和协调各国和区域性航空排放法律规则的作用,使国际社会尽可能统一行动,避免由于各国国内措施或区域性立法措施不同引发的费用规避、市场扭曲及碳泄漏等问题。第二,规制全面。就国内法治难以发挥作用的国际航空排放而言,恰恰需要国际社会在充分协调的基础上达成共识,明确国际航空排放的减排目标、原则、方法、措施等,建立针对国际航空排放问题的全球性法律框架、制度和机制,由国际社会统一行动、共同应对。第三,注重协调。航空排放国际法治需要通过民主而透明的国际立法进程实现,能够在更为广泛的范围内协调不同国家、不同利益方的利益。

航空排放国际法治并不反对和割裂航空排放的国内法治和区域法治,只是航空排放的全球性决定了单靠国内法治和区域法治不能有效解决该问题,而且各规则之间容易产生重复适用的问题,需要通过国际法治的顶层制度设计寻求全球解决。在此过程中,航空排放的国内法治、区域法治能够为航空排放的国际法治提供数据、结果和经验,同时,航空排放国际法治的实施也依赖于各个相互协调的国内和区域性立法措施。从这个意义上讲,国内法治、区域法治是更宏观意义上航

① See Jeremy Waldron, “The rule of International Law”, *Harvard Journal of Law and Public Policy* 30, 2006, pp. 15 – 30.

空排放国际法治的一个重要组成部分，彼此相连、相互支撑。

第二节　航空排放国际法治的价值目标

法治的价值目标通常是一个多元系统，其中，“正义”为其核心元素，法治的价值目标往往被概括为法律与正义的关系。正义是关于法治价值目标的一种整体概括表述，在古代思想家那里，法律就曾被刻画为一种“正义之术”，法学则被认为是关于正义和非正义的学问。[①] 笔者认为，航空排放国际法治内含着对“正义”价值目标的追崇，是一个与“正义”相关，追求“正义”价值目标实现的过程，正义的多面性致使航空排放国际法治价值目标呈现复杂的样态。

一、正义及其多面性

古希腊的亚里士多德最先论述了法治的内涵，对法治的价值目标进行了定位与选择，指明法治就是良法的统治，所谓“良法”体现了亚氏对法治内在价值的追求，即正义（善）的价值目标。[②] 航空排放国际法治的价值目标是要体现和实现法律的公平、正义。

何为正义？正义是一张普罗米修斯的脸，不同的人会有不同的解读。古罗马法学家乌尔比安（Ulpian）曾经提出，“正义乃是使每个人获得其应得的东西的永恒不变的意志”；古希腊亚里士多德曾经提出其著名的关于分配正义（distributive justice）和校正正义（corrective justice）的理论；美国的政治哲学家罗尔斯（John Rawls）的“正义论”在当今社会也风靡一时，影响广泛。他对正义含义的理解试图将自由与平等这两种价值相结合，认为正义观念由两项原则要求构成：（1）每个人在人类基本自由的享有上应当拥有平等的权利；（2）社会和经济的不平等应当被安排得对每个人都有利，获取各种地位和职务的机会应当向所有人开放。我

---

① 参见张志铭：《法的价值》，载中国法理网：http://www.jus.cn/ShowArticle.asp?ArticleID=3251，最后访问日期：2013 年 6 月 16 日。

② 参见张波：《论法治价值目标的定位和选择》，湖南师范大学法学院 2001 年硕士学位论文，第 12 页。

国学者张志铭认为："人类法律生活中的正义问题，归根到底是一个公平地分配利益和赏罚的问题。给予每个人所应当得到的，不给予他或她所不应当得到的，这就是正义作为法的价值目标整体的基本内涵。在得与予的意义上把握正义概念的一般含义，虽然在形态上与平等的概念更多相似，但其内涵更为深刻，外延更加丰富。"他进一步提道："正义涉及广泛而复杂的考量因素，包含了在社会个体和整体之间不同的立场选择和偏重，不同的时代，不同的社会和人群，甚至于不同的社会个体，往往会有不同的正义观。"①这些关于正义的阐述说明了正义的多面性和复杂性。

在航空排放全球性法律制度的构建中，核心问题在于航空减排义务的承担、航空排放限额的分配、航空环境改善责任的分担等分配利益关系，涉及广泛而复杂的考量因素，如国家主权问题、发达国家和发展中国家的差异性问题、航空排放的历史责任问题、航空公司的公平待遇问题、航空发展可持续性问题、环境保护的共同性问题等。发展中国家希望航空排放国际法治能够考量历史责任和能力负担等因素，实现"共同但有区别的责任"，认为这是"国际环境正义"的内在要求，是"正义"的体现；但发达国家特别是发达国家的航空公司则更强调航空排放分配利益上的"平等""无差别"以及减排规则的"无歧视统一适用"，认为这是航空国际服务贸易"公平"的现实要求，是"正义"的体现。此外，航空产业链的相关利益方更为关注航空产业的持续性增长，希望航空排放国际法律制度的构建更多考量航空发展对人类经济、社会、文化等方面的贡献，不要将减排目标定位太高，以免国际航空业承受过重负担和责任，遏制航空业的发展，最终影响到整个人类的发展和进步。他们认为，"促进航空发展"是"正义"的体现。但是，环境保护国际规则的推动者却可能指责航空减排目标定位太低，规则效力太弱、执行不力等，认为这是对国际环境污染者的姑息纵容。他们认为，"保护环境质量"是"正义"的体现。

① 张志铭：《法的价值》，载中国法理网：http://www.jus.cn/ShowArticle.asp?ArticleID=3251，最后访问日期：2013年6月16日。

航空排放国际法治“正义”价值的多面性,决定了航空排放全球性法律规则的构建需要在不同的价值理念冲突间寻求平衡。

二、国际环境正义 v. 国际贸易公平

国际环境正义是正义价值在国际环境法领域的具体体现。国际环境正义,可以理解为关于环境利益和负担、环境事务的决策权在各国和地区之间的公正和平等的分配。全球人类环境安全的新概念、新要求,迫使世界各国需要建立一种积极、务实的相互联系的法律框架,共同进行全球环境治理。航空排放的全球环境治理也不例外,也需要国际社会共同参与和行动。但共同参与等倡议背后多是一个普遍责任和共同责任的假定,这很容易与一般的环境道德相混同,往往无法让真正需要负起责任的国家、机构或人员负起责任。国际环境正义能够揭示一般环境道德的宽泛和盲点,能够尖锐地指出环境问题背后不同主体的不同需要,以及各主体对于环境问题的不同性质和程度的责任,从而勾勒出环境保护的另一种图景。①

罗尔斯认为,虽然许多事情都可以说成是正义的或不正义的,但正义的主要问题是社会的基本结构。② 基于国际社会二元基本结构的历史和现实,发达国家与发展中国家之间关于环境利益和负担的分配是国际环境正义的主要问题,“共同但有区别的责任”是国际环境正义制度化、法律化的关键所在。“共同但有区别的责任”原则扬弃了传统国际环境法上的“类主体”的全称命题,以《气变公约》为例,公约明确区分了3类国家——应置身于与气候变化及其不利影响作斗争的前列的发达国家、在气候变化的不利影响下特别脆弱的发展中国家和处于转型期的前社会主义欧洲国家,从而将“有区别的责任”具体化。从这一点看,“共同但有区别的责任”代表了国际环境法的一个重要的理论转折点,是环境正义原则在国际领域的法律化。③

① 参见马晶:《环境正义的法哲学研究》,吉林大学法学院2005年博士学位论文,第19页。

② [美]约翰·罗尔斯:《正义论》,何怀宏、何包钢、廖申白译,中国社会科学出版社1988年版,第7页。

③ 参见马晶:《环境正义的法哲学研究》,吉林大学法学院2005年博士学位论文,第154页。

国际环境正义在航空排放国际法治中的关键在于航空排放环境治理义务和责任的国际公平分配,集中体现为“共同但有区别责任”原则是否以及能够在多大程度上得以遵循和保障。某种意义上说,“共同但有区别责任”的实现即是国际环境正义的实现。发展中国家和发达国家在航空排放问题上承担“共同但有区别的责任”有其内在的合理性和正当性。航空环境治理是国际社会共同的利益,发展中国家和发达国家在限制或减少航空排放对环境的影响方面负有共同责任,航空排放的国际法治需要发展中国家和发达国家的共同参与和行动,这是“共同责任”的正当性基础。但是,发展中国家和发达国家的航空业在导致航空环境有害影响方面,有着不同的历史责任、不同的处理能力以及各自不同的优先性需要。发展中国家航空业正处于高速发展时期,需要更多的航空排放空间,此外,发展中国家航空排放环境治理能力也远弱于发达国家,更为重要的是,由于发展时间的不对称性,发达国家航空业历史上曾长期的、大量的、免费的、不受限制地向空气空间排放,根据发展中国家现阶段的航空发展速度和温室气体排放量,在未来很长一段时间内也很难达到发达国家的排放水平,这对于发展中国家来讲是很不公平的。[①] 这些历史因素和基本事实成为航空排放“区别责任”的正当性基础。

事实上,国际社会越来越认识到完全不区分发达国家和发展中国家的不同情况,用同一尺度和规则去要求它们承担相同的航空环境责任,是不切实际的。因此,现有的国际性文件在航空排放环境治理义务的分配上一般均会强调和重申“共同但有区别的责任”,以体现国际环境正义之要求。在国际民航组织 2016 年大会 A39－2 决议中即明确,“忆及《气候变化公约》及《巴黎协定》,并鉴于各国不同的国情,确认其共同但有区别的责任及各自的能力”;“认识到各国对气候变化相关的挑战做出的回应能力不同,以及需要提供必要的支持,尤其是对发展中国家和有具体需要的国家”;“确认应尽快开始启动具体措施去实施援助发展中国家,以及便利获得财务支持、技术转让和能力建设”;“上述提到的目标并不对个

① See Michael Byers, Kelsey Franks, Andrew Gage, “The Internationalization of Climate Change Litigation”, *Wash. J. Envtl. L. & Pol'y* 264, 2017, p. 17.

别国家构成具体义务,不同情况、各自能力、发展中国家和发达国家造成大气中航空温室气体排放的浓度的情况,将决定每一个国家如何能自愿帮助达成全球理想目标"。① 该决议的以上内容充分反映了发展中国家和发达国家在国际航空温室气体排放问题上承担"共同但有区别的责任",这是国际环境正义在航空排放问题上的具体体现,也是航空排放国际法治价值目标的内在要求。

上述分析建立在以国家为单位的航空排放环境负担分配计划上,发达国家承担较大的责任,发展中国家承担较小的责任,这具有较为充分的正当性和国际法律依据。但深入分析会发现,航空排放环境负担最终会落实到具体的不同国家的航空运营商头上,如果从航空运营商个体的国际服务贸易公平角度考虑,航空排放环境负担的正义性则在"国际环境正义"与"国际贸易公平"之间发生交织和冲突。如前所述,国际环境正义集中体现为发展中国家和发达国家在环境利益和负担的分配上遵循"共同但有区别的责任"。就国内航空排放而言,由于航空运输活动仅发生在本国范围内,各国一般均会保留"国内载运权",严格禁止外国公司和国民的介入,国内航空运输由此具有自足性、封闭性,即使不同国家承担不同的航空排放环境负担,也不存在航空贸易竞争的"公平性"问题。但是,国际航空则不同。国际航空排放环境负担的"区别"分配方案可能会对不同国籍运营商在国际航空运输服务市场的竞争力产生实质性影响,引发国际航空服务贸易公平性问题。

当然,国际航空运输服务市场的竞争性较为特殊。由于航空与军事紧密和天然的联系,各国历史上均十分看重本国的空域主权,国与国之间的航空运输业务传统上并非采用开放、竞争的方式来实现,而是在《芝加哥公约》框架下,通过《双边航空运输协定》以互惠和利益均等为基础相互交换运营权的方式来实现。② 这些协定一般在航线、运力、运价、航空公司等方面有较严格的限制,航空企业的指

---

① 《国际民航组织 A39-2 项决议:国际民航组织关于环境保护的持续政策和做法的综合声明——气候变化》,载国际民航组织网:https://www.icao.int/Meetings/a39/Documents/Resolutions/10075_zh.pdf.,最后访问日期:2016 年 12 月 15 日。

② 参见郑兴无:《聚焦在市场准入——WTO 航空运输服务贸易自由化进程及特点》,载《国际贸易》2001 年第 8 期。

定、航线的运营和运价、运力的决定权掌握在政府手中,并非由市场决定。自20世纪70年代以来,随着世界经济一体化的加速,在国际航空运输业兴起了以“天空开放”为主要形式的自由化改革。① 随着航空自由化的实践,以及开放天空协议的大量订立,航空公司之间国际运输业务的竞争日益激烈,国际航空运输服务市场竞争性特点正日益显现。

以《芝加哥公约》为基础的国际航空法确立了“平等、非歧视”的基本理念,要求各缔约国在提供航空服务竞争上给予运营商“公平和均等的机会”,②在诸多双边航空运输协议中也均有类似的表达。在世界贸易组织(World Trade Organization,以下简称世贸组织或WTO)《服务贸易总协定》的《航空运输服务附录》中尽管将航空运输服务领域适用的范围限制得很小,③但也遵循以最惠国待遇、市场准入和国民待遇为保障的平等待遇。服务贸易主体的平等对待是公平竞争的前提,这是发达国家一些机构、利益集团和学者试图在航空减排国际义务的承担上抹去或绕开“区别责任”的主要理由。试想,如果经营同一条国际航线的不同国家的航空运营商,基于国籍的不同,发展中国家的航空运营商承受较轻的航空排放环境负担,发达国家的航空运营商承受较重的航空排放环境负担,这种局面和分配方案显然不会被发达国家轻易接受。但是,以《气变公约》为基础的国际环境法确立的“共同但有区别责任”原则是发展中国家和发达国家在国际环

① 航空运输自由化,主要是指改革航空运输的管理体制和方法,从政府对空运企业航空运输经营活动的详尽管理过渡到更多地依靠市场力量予以调节,给与空运企业更多的经营权和灵活性。秦占欣:《国际航空运输业自由化的现状与中国民航的对策》,载《中国民用航空》2003年第10期。

② 《芝加哥公约》第44条规定:“目的国际民用航空组织的宗旨和目的在于发展国际航行的原则和技术,并促进国际航空运输的规划和发展,以:一、确保全世界国际民用航空安全地和有秩序地发展;二、鼓励为和平用途的航空器的设计和操作技术;三、鼓励发展国际民用航空应用的航路、机场和航行设施;四、满足世界人民对安全、正常、有效和经济的航空运输的需要;五、防止因不合理竞争而造成经济上的浪费;六、确保缔约各国的权利充分受到尊重,每一缔约国均有经营国际空运企业的公平的机会;七、避免缔约各国之间的差别待遇;八、促进国际航行的飞行安全;九、普遍促进国际民用航空在各方面的发展。”

③ 这个附录规定了GATS适用于航空运输服务的范围。它明确规定了GATS不适用于交通权和与直接行使交通权相关的服务,并对交通权(traffic right)下了一个明确的定义,但是它没有详细说明哪些属于或者不属于与直接行使交通权相关的服务,只是列举说明飞机的修理和维护、航空运输服务的销售和营销、计算机订座系统属于GATS管辖的范围。

境领域开展合作并产生实际功效的前提,历史和现实的差异决定了该原则的正当性。此外,即便以“平等”待遇著称的 WTO 体制,也给予发展中国家成员承担较低水平义务、采用更灵活的实施时间表、提供技术援助和培训人力资本等多方面的优惠安排。发展中国家希望“国际环境正义”,发达国家强调“国际贸易公平”,从某种意义上讲,均具有一定的正当性。航空排放国际法治需要协调这两种基本“正义”价值的冲突,寻求衡平解决方案。①

三、促进航空发展 v. 保护环境质量

在航空发展的早期阶段,人们并没有注意到航空对环境的负面影响,国际社会更为关注的是如何保障和促进航空的发展。在 1944 年《国际民用航空公约》(又称《芝加哥公约》)的序言中指出:“国际民用航空的未来发展对建立和保持世界各国之间和人民之间的友谊和了解大有帮助……”该公约第 44 条指出国际民航组织应“发展国际航行的原则和技术,并促进国际航空运输的规划和发展,以……满足世界人民对安全、正常、有效和经济的航空运输的需要……普遍促进国际民用航空在各方面的发展”。在《芝加哥公约》第 22 章共计 96 个条款中,没有任何章节或条款规定了航空排放问题,在通篇的公约文本中,“排放”“噪声”“环境”等词语均没有出现过。可以看出,航空环境问题在《芝加哥公约》签署当时几乎未作任何考虑。

国际民航组织于 20 世纪 60 年代末开始关注航空环境保护问题。② 1968 年国际民航组织大会通过决议,指示国际民航组织理事会制定国际规范和相关指导材料以控制航空器噪声。1971 年国际民航组织通过了处理与航空器噪声有关各项问题的《附件 16》。几乎在对航空器噪声制定国际准则的同时,国际民航组织

---

① ICAO 理事长冈萨雷斯(Roberto Kobeh Gonzalez)表示,一些国家日益关注 ICAO 的碳排放机制是如何体现“共同但有区别的责任”这一原则。这一原则要求发达国家应承担减少碳排放的大部分责任。ICAO 必须找到一种方式来使该项原则与《芝加哥公约》一致,这需要成员之间的“非歧视”。张小燕编译:《国际民航组织:全球性碳排放方案困难且复杂》,载民航资源网:http://news.carnoc.com/list/217/217138.html.,最后访问日期:2018 年 5 月 16 日。

② See ICAO, “Environmental Report 2010”, Accessed March 12, 2012. http://www.icao.int/environmental-protection/Pages/EnvReport10.aspx.

也开始对航空器发动机排放采取具体行动。1971 年国际民航组织大会通过决议，着手为控制某些型号航空器发动机的排放制定国际标准。1977 年航空器发动机排放委员会成立。① 1981 年该委员会制定了航空器发动机排放的环保标准，这些标准后来不断修订。在 20 世纪 90 年代前，国际民航组织集中于对航空器发动机排放引起的当地空气质量问题，关注于机场及机场周围地面环境的改善，其工作并未面对太大压力。但自 20 世纪 90 年代之后，基于人类对全球气候变化科学认识的提高和普遍关切，"航空与气候变化问题"成为公众关注的焦点，在 2010 年国际民航组织大会上"航空与环保"成为热门话题，航空发展面对环境保护的压力增加，且在此后的每届大会中都作为重要议题进行讨论。

曾是 20 世纪人类文明、进步象征的飞机被环保人士描画为"吞云吐雾"的怪兽。"愚蠢号飞机"②为给地球"降温"，通过各种抗议行动"炮轰"高空中的飞机，呼吁公众抵制短途飞行和机场扩建。这是航空工业与"绿色组织"之间的较量。"愚蠢号飞机"成员认为，英国航空业给环境带来的危害尤为严重。成员之一格雷厄姆·汤普森说："飞机并不是二氧化碳的最大来源。在全球范围内，飞机排放的二氧化碳只占二氧化碳排放总量的 2%，但在英国，这个比例却高达6.5%。此外，二氧化碳排放的增加速度也让人忧虑。"③航空对环境负面影响的"面纱"逐渐被揭开，环境保护的内在压力迫使人们对航空业的持续增长产生怀疑和担忧。

但是，应该看到，航空可持续增长对于保障未来各国经济、贸易、文化交流具有重要意义，如果为了保护环境而阻止、限制或抑制航空业的发展，并非明智之举，尤其是对于航空业发展中国家和航空业待发展国家而言，阻滞航空业发展的政策无异于因噎废食。明智的做法是，迅速采取行动，尽力减少航空对环境的不

---

① 1983 年，航空器噪声委员会（Committee on Aircraft Noise，CAN）与航空器发动机排放委员会（Committee on Aircraft Engine Emission，CAEE）合并成立航空环境保护委员会（Committee on Aviation Environmental Protection，CAEP），作为国际民用航空组织理事会的一个技术委员会。

② "愚蠢号飞机"不是飞机，而是英国一家环境保护组织，由两名在校大学生创立。

③ 张代蕾：《"愚蠢号飞机"向航空业"开炮"》，载腾讯新闻：http://news.qq.com/a/20070721/000753.htm.，最后访问日期：2010 年 10 月 20 日。

利影响，确保航空以与环境质量相兼容的方式持续发展。国际民航组织 2010 年 A37 - 18 大会决议中的内容即反映了这样的认识，其附录 A“总则”中写道，“鉴于航空的可持续增长对未来的经济增长和发展、各国和人民间的贸易和商业、文化交流和理解是非常重要的，因此，必须立即采取行动，确保航空与环境质量相兼容，确保航空以减少不利影响的方式发展”；“……认识到并将继续处理可能与民用航空活动有关的不利的环境影响问题，承认本组织及其缔约国达到民用航空安全有序的发展和环境质量之间的最大兼容性的责任”；“敦促各国避免采取对国际民用航空的有序和可持续发展将产生不利影响的环保措施”。A38 - 17 项决议则写道，“鉴于航空的可持续增长对未来的经济增长和发展、各国和人民间的贸易和商业、文化交流和理解是非常重要的，因此，必须立即采取行动，确保航空与环境质量相兼容，确保航空以减少不利影响的方式发展”；①A39 - 2 项决议中写道，“再强调国际航空对全球经济和社会发展发挥着关键性作用，需要确保国际航空继续以可持续的方式发展。”②

航空增长可预见的持续性与环境保护之间的内在张力，决定了航空排放国际法治“正义”价值的追寻中必须处理好促进航空发展与保护环境质量之间的衡平。“法是善良和公正的艺术”，偏离或忽视法的正义属性和法律理论本身的特质，不能设计出真正有效的法律制度体系，其法治的效果难免陷入困境。③ 航空排放国际法治的基本含义中内含着“正义”的核心价值，而“正义”的多面性决定了航空排放国际法治应当平衡和处理好“国际环境正义”和“国际贸易公平”、“促进航空发展”与“保护环境质量”等不同矛盾体的关系，应当顾及不同利益群体的不同诉求，体现不同国家、不同主体对于航空排放承担不同性质和程度的责任，推动在航空排放问题上达成一个公平、公正、合理的全球性法律制度或框架。

---

① 《国际民航组织 A38 - 17 项决议：国际民航组织关于环境保护的持续发展政策和做法的综合声明——一般规定、噪声和当地空气质量》，第Ⅰ-52 页。

② 《国际民航组织 A39 - 2 项决议：国际民航组织关于环境保护的持续政策和做法的综合声明——气候变化》，第Ⅰ-72 页。

③ 参见马晶：《环境正义的法哲学研究》，吉林大学法学院 2005 年博士学位论文，第 2 页。

第三章　航空排放国际法治:诉求缘由

航空排放会对环境产生负面影响,20世纪中后期以来,一些国家、地区和国际组织通过国内立法、区域立法和国际立法等不同层面的制度设计,对航空排放问题进行法律规制,探索解决问题的方法和路径,积累了宝贵的经验,但也暴露出存在的问题。航空排放具有移动性、跨国性、高增长性的特性使国际社会认识到对该问题采取国内法律措施、区域法律措施难以奏效,现有的一般性国际制度对其管控也极为有限,国际社会亟须建立一套顾及其特殊性、单独但又与其他制度相互兼容的、全球统一的制度体系。

第一节　航空排放对环境的影响

一、航空排放对地面空气质量的影响

在航空器“起飞和着陆”循环周期内,即地面以上至3000英尺(915米)低空范围内,航空器排放的一氧化碳、未燃尽的碳氢化合物、氮氧化物和烟雾会对地面和周边人群健康造成直接损害和/或潜在性影响。在国际民用航空组织2010年发布的环境报告中描述了这种潜在性影响:一氧化碳会对心血管造成影响,特别是对有心脏疾病的人士;未燃尽的碳氢化合物会引发眼睛和呼吸道感染、头痛、头晕、视觉障碍、记忆损害;氮氧化物可能产生肺刺激、呼吸道感染;颗粒物可能诱发早产、加重呼吸系统和心血管疾病、肺功能变化、增加呼吸道感染的症状、肺组织

和结构变化、呼吸道防御机能改变等。①

在20世纪90年代,国际流行病学研究已经发现,空气污染水平升高与呼吸道健康症状加重之间的关联性。尽管就空气污染对人类健康影响的性质、程度等存有不同意见,但该问题对公共卫生的意义得到普遍承认。在高度空气污染中人类的反应广泛,从轻微肺功能损害到哮喘病以至体弱患者病情恶化过早死亡,其中,有些影响可能经过长期的累积接触,包括潜伏期。②

飞机和机场是重要的污染源。以洛杉矶国际机场为例,仅该机场的飞机在起飞和降落时产生的碳氢化合物排放就相当于30万辆汽车的排放量,氮氧化物的排放相当于100万汽车的排放量。芝加哥奥黑尔国际机场的90万次飞行作业行为,使其成为伊利诺伊州毒物污染来源的前三名至五名。约翰肯尼迪国际机场产生的挥发性有机化合物是纽约市最大的该污染物来源。1993年,在美国机场飞机起飞和降落过程中产生的挥发性有机化合物和氮氧化物超过1970年水平的2倍。③

二、航空排放对气候变化的影响

航空器在8~13千米高空巡航时,因航油燃烧排放的二氧化碳、水蒸气、氮氧化物和煤烟颗粒等温室气体可以改变大气的构成,成为全球气候变暖的促成因素。④ 其中,航空二氧化碳排放约占航空总排放量的70%,水蒸气稍低于30%,其他气体不多于1%。⑤ 二氧化碳的排放,尽管对人体健康没有直接的危害性影响,但它却是最重要的一种温室气体,二氧化碳被大量释放并长期滞留在大气,特别

---

① See ICAO, "Environmental Report 2010", Accessed March 12, 2012. http://www.icao.int/environmental-protection/Pages/EnvReport10.aspx.

② See Paul Stephen Dempsey, "Trade & Transport Policy in Inclement Skies-The Conflict between Sustainable Air Transportation and Neo-Classical Economics", *J. Air L. & Com.* 65, 2000, p. 646.

③ Ibid.

④ 参见孟庆芬、李琦:《欧盟航空排放政策的发展及其影响》,载《中国民用航空》2007年第2期。

⑤ See ICAO, "Environment Report 2010", Accessed March 12, 2012. http://www.icao.int/environmental-protection/Pages/EnvReport10.aspx.

是高空中，对地球表面温度的上升具有直接影响。[①] 仅2017年，民用航空器就排放了8.59亿吨的二氧化碳，约占认为制造二氧化碳总量的2%。[②] 据研究，地面上排放的二氧化碳通常需要50年左右才会上升到大气层的平流层，而在9000米高空飞行的飞机则直接将二氧化碳排放在平流层。一架航班进行一次跨越大西洋飞行对大气层带来的破坏，远大于一辆汽车在地上开一年。[③] 资料显示，目前航空二氧化碳排放量在全球人为制造的二氧化碳排放量中约占2%。其中，国际航班约占62%。[④] 考虑到全球航空运输量预期每年会有4%～5%的递增速度，航空二氧化碳排放量亦可能以相应速度递增，即使通过技术革新改进航空燃油效率也仅能部分抵消航空二氧化碳的排放。[⑤] 此外，有人认为，飞机的凝结尾迹和卷云会阻挡地球红外线，可能加剧温室效应，但另一些人对此否认，认为凝结尾迹和卷云的阴影会对地球起到冷却作用，从而对气候变化产生相反影响。[⑥] 目前，此方面的研究尚没有形成权威结论。

自19世纪中叶以来，全球平均气温增加了约0.5摄氏度，海平面上升10～20厘米，1998年地球的表面温度已经达到19世纪中叶有历史记录以来的最高峰值，有记录以来最温暖的10年发生在1983年之后。[⑦] 在我国《气候变化国家评估报告》编写委员会编著的《气候变化国家评估报告》中，认为“20世纪的全球变暖已经被大多数科学家的研究所证实”。该报告用一些简单和复杂的气候模式做了检

---

① 据测算，飞机高空造成的温室效应大约比地面等量二氧化碳所造成的温室效应大2～4倍。刘莉：《给飞机插上绿色翅膀》，载《科技日报》2002年1月14日，第4版。

② See IATA, “Fact sheet: climate change & CORSIA”, Accessed June 21, 2019. https://www.iata.org/pressroom/facts_figures/fact_sheets/Documents/fact-sheet-climate-change.pdf.

③ 参见张代蕾：《“愚蠢号飞机”向航空业“开炮”》，载腾讯新闻：http://news.qq.com/a/20070721/000753.htm.，最后访问日期：2010年7月20日。

④ See ICAO, “Environmental Report 2010”, Accessed March 12, 2012. http://www.icao.int/environmental-protection/Pages/EnvReport10.aspx.

⑤ 根据国际航空运输协会(IATA)的预计，通过技术革新每年可以使航空燃油效率提高1.5%～2%，但这低于航空运输预期增长速度。

⑥ See Paul Stephen Dempsey, “Trade & Transport Policy in Inclement Skies-The Conflict between Sustainable Air Transportation and Neo-Classical Economics”, *J. Air L. & Com.* 65, 2000, p. 650.

⑦ Ibid.

测和因果分析，通过数值试验检测计算表明：影响20世纪气候变暖的主要因子是太阳活动、火山活动和人类活动及海气相互作用，并且人类活动（包括温室气体和硫酸盐气溶胶）在20世纪全球变暖中起了明显作用，尤其在后50年。[①] 根据政府间气候变化专门委员会（Intergovernmental Panel on Climate Change，IPCC）2018年报告的介绍：据估计，人类活动将导致全球变暖高于工业化前水平大约1.0摄氏度，如果按照现在这样的速度发展下去的话，到2030～2052年将会达到1.5摄氏度。[②] 且在IPCC目前进行的第六次评估工作周期中第三个工作小组所通过的关于气候变化减缓的文件中，也再次强调了航空业方面减排工作的重要性。

科学研究促使国际社会对全球气候变暖及其危害有着深刻担忧。据估计，如果我们的二氧化碳排放继续以目前的速度增加，全球平均气温在未来四五十年将上升1.5～4.5摄氏度。如果全球平均气温上升3摄氏度，南极和格陵兰冰盖会部分融化，海水将扩大，海平面将提高30～150厘米。[③] 全球变暖会导致气候系统变化，改变作物生长、水资源供应、人居环境、人体健康、生态系统、国家安全等一系列问题。[④]

因此，航空温室气体排放，特别是航空二氧化碳排放，正日益成为重要的航空环境法律规制关切点。

三、航空排放对臭氧层耗竭的影响

在地球大气层的平流层中距地表10～50千米高度是臭氧浓度相对较高的部分，集中了地球上约90%的臭氧，称为“臭氧层”。臭氧层有吸收太阳紫外辐射的特性，能够保护我们不受到阳光紫外线的伤害，所以对地球生物来说是很重要的

① 参见《气候变化国家评估报告》编写委员会：《气候变化国家评估报告》，科学出版社2007年版，第88～89页。

② See IPCC，“Special Report：Global Warming of 1.5℃”，Accessed June 21，2019. https://www.ipcc.ch/sr15/chapter/spm/.

③ See Paul Stephen Dempsey，“Trade & Transport Policy in Inclement Skies-The Conflict between Sustainable Air Transportation and Neo-Classical Economics”，*J. Air L. & Com.* 65，2000，p.651.

④ 参见《气候变化国家评估报告》编写委员会：《气候变化国家评估报告》，科学出版社2007年版，第195～293页。

保护层。不过,随着人类活动,特别是氯氟烃类化学物质、哈龙类物质(用于灭火器)、氮氧化物等的扩散、侵蚀,正在破坏臭氧层,使大气中的臭氧总量明显减少。在南极上空,约有2000多万平方公里的区域为臭氧稀薄区,其中14~19千米上空的臭氧已减少达50%以上,科学家们形象地将之称为"臭氧空洞"。臭氧水平的持续降低,将会使人类受到过量的太阳紫外辐射,导致皮肤癌等疾病的发病率显著增加。10多年来,经科学家研究,大气中的臭氧每减少1%,照射到地面的紫外线就增加2%,人的皮肤癌就增加3%,还会受到白内障、免疫系统缺陷和发育停滞等疾病的袭击。

大约有20%的飞机排放发生在平流层巡航高度,在此高度经由航空器发动机释放到大气平流层的氮氧化物通过化学作用产生一系列反应,对臭氧层能够形成破坏。由于化学反应和气候条件非常复杂,目前的科学研究还没有提供航空排放与臭氧层损耗之间存在明确因果关系及影响程度的证明。但是,来自经合组织成员国的26位部长发表联合声明,达成共识"一个明显的证据表明人类活动正在影响气候变化……航空运输的迅速增长对环境的影响也令人关注"。①

第二节 航空排放现有法治的困境

20世纪中后期以来,一些国家、地区和国际组织即通过国内立法、区域立法和国际立法等不同层面的制度设计对航空排放问题进行法律规制,采取了一些措施,但规制效果并不理想。

一、航空排放国内法治的局限

由于国内法治只在本国领域内推行和生效,较易形成共识,立法进程较易推动,因此,国内法治一般总是比区域和国际法治更容易形成和实现。② 20世纪末

① Paul Stephen Dempsey, "Trade & Transport Policy in Inclement Skies-The Conflict between Sustainable Air Transportation and Neo-Classical Economics", *J. Air L. & Com.* 65, 2000, p. 653.

② See Pablo M. J. Mendes de Leon, Steven A. Mirmina, "Protecting the Environment by Use of Fiscal Measures: Legality and Propriety", *J. Air L. & Com.* 62, 1997, p. 802.

以来，一些国家针对航空排放进行了一些尝试。为了尽可能地获知缔约国国内采取的有关于国际民用航空减排计划方案，国际民用航空组织于第37届大会A37－19项决议中提出："鼓励各国向国际民航组织提交其行动计划，阐述其各自的政策和行动，并每年报告关于国际航空二氧化碳排放的情况。"[①]A38－18项决议和A39－2项决议重申了这一点，"欣见至2013年6月30日为止，代表全球国际航空运输量78.89%的61个成员国自愿编制并向国际民航组织提交其行动计划"；[②]"欢迎至2016年6月8日为止，代表全球国际航空运输量88%的94个成员自愿编制并向国际民航组织提交其行动计划"；"进一步鼓励各国向国际民航组织提交其自愿行动计划，阐述其各自的政策和行动，并每年报告关于国际航空二氧化碳排放的情况"。[③] 而仅根据不同国家所提出的国际行动计划，也不难看出发达国家与发展中国家之间对于国际航空减排责任分担的矛盾与差异。国际民用航空组织也根据国家自愿提交的行动计划提出了一系列的计划和安排。

（一）部分发达国家的国内法治措施

1. 瑞典

瑞典政府规定了以各种机型的具体排放量为基础的国内航班税，并且建立了一个报告制度，要求各航空公司向财务管理部门报告每种型号的飞机架次，然后根据不同型号飞机的航班数量征收航空排放税。航空排放税的收入直接归入瑞典国库。有趣的是，瑞典正计划废除这项征税，理由是这项措施可能造成对瑞典航空公司的不公正对待，因为其他欧盟成员国的"社区航空公司"飞机由于航权开放能飞瑞典，却不用承担瑞典的国内航班税。这会使瑞典航空公司在竞争中处

---

① 《国际民航组织A37－19项决议：国际民航组织关于环境保护的持续政策和做法的综合声明——气候变化》，第Ⅰ－65页。

② 《国际民航组织A38－18项决议：国际民航组织关于环境保护的持续政策和做法的综合声明——气候变化》，第Ⅰ－65页。

③ 《国际民航组织A39－2项决议：国际民航组织关于环境保护的持续政策和做法的综合声明——气候变化》，第1－74～Ⅰ－76页。

于劣势地位。

2. 挪威

1994年10月,挪威议会提出了一项关于航班运输的乘客税。该税的目的是鼓励市民多使用火车方式出行。由于该税收收入作为一般税收收入进了挪威国库,因此航空公司在改用环保型技术方面没有获得任何好处和激励措施。航空公司似乎渴望告知乘客,该税不是机票价格的一部分,它是由政府实施的。据报道,在挪威,环保主义者曾寻求以乘客座位为基础的地方税,但环保主义者的影响不如航空公司的游说,政府采纳了乘客税。座位税以向公众提供的所有席位为征税依据,而乘客税以飞行的乘客人数作为征税依据。这意味着,如果飞机有一半是空飞,按照座位税,航空公司仍将支付全部的相同数额的税,而按照乘客税,则只对飞行的乘客人数付税。

3. 荷兰

荷兰作为具有环境经济措施的欧洲国家,其财政法对于影响环境的用户征收环境费,指导方针是“污染者付费”原则。但在实践中,此类收入经常进了国库,而不是用于减轻污染活动。值得注意的是荷兰《关于环境管理的法案》,规定了燃油消费税。基于该法,荷兰还设立了一个空气污染基金,该基金为受到空气污染的受害者造成的损害进行赔偿,由年度会费和其他收入组成。但航空排放污染造成的损害通常是潜在的、难以计量和赔付的。

4. 德国

德国考虑若干种有助于保护环境但会影响航空运输的财政措施。德国支持煤油征税,以减少燃料消耗和二氧化碳排放量,其影响将是鼓励更清洁的运输模式,例如,使用铁路或完全避开旅游,这反而会促进电信的使用。但德国强调采取这些措施最好是在全球层面,而不是个别国家。

5. 美国

在美国,税收征收的更多努力集中在应对一般性政府支出上,而不是为了改善环境。1995年10月初美国采用的4.5美分的燃油税备受争议。1993年,克林顿政府向美国航空业授予缓期2年执行燃油税的宽免。此外，如果这个税没有专门用于促进航空目的，而是仅仅增加了普通税金，那么，即使征收，改善环境的希望依然渺茫。美国在其提交的国家行动计划中始终未提及发达国家所应承担的与其历史排放量、排放技术水平、国际航班所占市场比重相对应的减排责任。

6. 巴西

巴西在其所提交的国家行动计划中，明确了将于2025年实现温室气体排放量在2005年的水平上减少37%、2030年减少43%的承诺。① 巴西在其提交的行动计划中表示，本国航空公司运营的国际航班在国内的这段部分应被划归为国内阶段，所有外国航空公司均不得运营起飞或降落地点为巴西的航班，其整个航程都被视为国际阶段。② 且其军用飞机和直升机及地面作业等所产生的二氧化碳排放量也不算在该行动计划中。除此之外，巴西的国内航空运输市场所占比重要远远大于其国际航空运输市场。③ 在这样的情形下巴西还将一部分在国内范围内的国际运输视为国内航班。因此，通过分析巴西的国家行动计划不难看出，国际航空减排的全球性规制措施并不会对巴西产生太大影响，巴西能否承担与其排放量相当的减排责任都很难说。

7. 英国

2016年9月英国提交的国家行动计划的数据显示，航空仍然是英国旅游出行的首选方式。但英国认为，欧洲的航空交通仅应包括所有起飞地点为欧洲民用航空会议所确定领域内的客运航空，旅客的周转量也仅通过乘客的数量而非座位数量来计算。④ 根据上述定义实际上将飞越或目的地为欧洲民用航空会议领域的航班及货运航班排除在外，大大缩小了认定英国航空运输排放量的范围，减轻了

---

① See Action Plan for Green House Gas Emissions of Brazilian Civil Aviation, Introduction, p. 7.

② See Action Plan for Green House Gas Emissions of Brazilian Civil Aviation, 2. 1 Domestic Aviation and International Aviation: Concept, p. 11.

③ 按照客运量计算，巴西的国内航空市场大约占全部市场份额的81%，占绝对主导的地位。

④ See Action Plan for Green House Gas Emission of Brazilian Civil Aviation, The European Civil Aviation Conference (ECAC) Baseline Scenario, p. 14.

英国航空减排责任的承担份额。除此之外,英国国家行动计划表明:在接下来的2020年以及2035年的减排周期内的燃料消耗与排放数据将以2014年的实际飞行距离与巡航高度作为认定基准。这种认定方式有减损责任的嫌疑,毕竟国际航空运输的飞行距离与巡航高度是不断增加的,况且2014年也并非英国航空运输排放的高峰期。

(二)航空排放国内法治的局限

从以上国家航空排放国内法治措施的实践来看,大多建立在国内航班需缴纳一定费用(主要是税金)的简单假设基础之上。根据《芝加哥公约》,只要这些国内措施对外国营运商没有歧视,是允许采用的。且对于国际航班的认定范围以及本国需要承担减排责任的航班运营人的界定方面都存在限缩解释现象,其实质是在刻意规避本国对国际航空减排责任的承担。故在采用国内立法措施规制航空排放存在以下局限和问题:

1. 立法范围问题

对航空排放采取国内法治措施,特别是收税措施,这对于国内航空排放而言,统一的财政政策、统一的收税标准,不存在太大法律障碍。但是,对国际航班排放收税则较为复杂。如果仅对本国航空承运人的国际排放收税,则会使本国航空承运人处于不利竞争环境,这是各国政府不愿看到的,而如果对外国航空承运人的国际排放也收税,则面临与《芝加哥公约》第24条①"缔约国之间航空税费互免"之规定相冲突的问题,甚至会在各缔约国之间产生税费收取的管辖权争议问题,各国亦不愿采取。因此,航空排放国内立法措施多针对国内航空排放,对于国际

① 《芝加哥公约》第24条规定:"关税 一、航空器飞抵、飞离或飞越另一缔约国领土时,在遵守该国海关规章的条件下,应准予暂时免纳关税。一缔约国的航空器在到达另一缔约国领土时所载的燃料、润滑油、零备件、正常设备及机上供应品,在航空器离开该国领土时,如仍留置航空器上,应免纳关税、检验费或类似的国家或地方税款和费用。此种豁免不适用于卸下的任何数量的物品,但按照该国海关规章允许的不在此列,此种规章可以要求上述物品应受海关监督。二、运入一缔约国领土的零备件和设备,供装配另一缔约国的从事国际航行的航空器或在该航空器上使用,应准予免纳关税,但须遵守有关国家的规章,此种规章可以规定上述物品应受海关的监督和管制。"王小卫、吴万敏:《民用航空法概论》,航空工业出版社2012年版,第109页。

航空排放通常予以回避。

2. 费用规避问题

由于航空排放国内立法措施多针对国内航班，致使占排放比重更高的国际航空排放不仅不能受到有效约束，而且可能由于税负不同，导致国内和国际航班出现价格不平衡，使同一国家从 A 点到 B 点可能不如取道另一国家经停的国际航班更为便宜。例如，从法国的巴黎到马赛，经停日内瓦的国际航班可以使旅客避免直接从巴黎到马赛的国内航班排放税，可能票价更为便宜。但这样做不仅会使税收收入减少，而且会使环境受到更大破坏。另外，航空排放国为了给本国的国际航班运营人提供更为宽松的发展空间，在制订本国的国家行动计划时就尽可能地缩小国际航班的界定空间或是国际航班减排税费的征收范围。这样的制度安排并不能从根本上解决国际航空排放问题。

3. 市场扭曲问题

如果航空排放采用国内立法措施，则各国的做法必然会有所不同，以常见的收税措施为例，瑞典采用航班税，挪威采用乘客税，荷兰采用燃油税，德国采用增值税，美国采用客票税，各国税种、税负差异很大。再以航空燃油税为例，一些国家有此项收税，一些国家没有。航空公司会倾向于到那些没有此项收税或此项收税最低的国家购买燃油。这样，航空运输路线不是根据运输需求和环境效益最大化进行安排，而是根据成本最低及经济效益最大化进行安排，导致航空市场扭曲。除了在税费领域可能产生市场扭曲的现象，在国家管辖权的适用问题上也可能产生扭曲和冲突的现象。例如，由美国飞往德国的国际航空运输所产生的二氧化碳的税费收取的管辖权如何确定；税费收取的标准和方式按照哪一个国家的规定实施；若按照美国的规定本次国际航空运输满足税费的减免标准，应当减少或免除税费的收取，但是在德国并未达到可以减少税费收取的运输标准，那么在这种情形下是否需要采取划分运输范围的方式由各主权国家在其所管辖的范围内根据本国的规定进行税费的征收。

4. 规制失效问题

国内立法措施的不统一会鼓励载满低价航空燃油的"油轮式飞机"产生，导致飞机降低可以载运的货物数量，增加运送航用燃料的燃油消耗，进而导致航空公司更多的温室气体排放。此外，对于需要中间经停的长途飞行，航空公司选择没有航空排放限制的国家经停会增多。旅客为了寻求最低票价，还可能会避免直接飞往有排放限制的国家，而取道先飞往没有排放限制的邻国，导致更多额外的短途飞行。这些均使航空排放国内法治的实际效果不如人意，甚至与立法本意相左。

5. 税费征收的实际利用

实际上，主权国家根据本国规定所征收的税收和费用最终仍将由消费者承担，但问题是消费者所缴纳的由于国际航空排放所征收的税收和费用最终很有可能并未用在航空减排领域，但是仅通过各主权国家所制定的国内减排规则又很难对税费的具体用途进行跟踪和监督。对此，国际民用航空组织在 2016 年举行的第 39 届大会 A39 - 1 项决议附录 H 中重申，"国际民航组织制定了包括关于有关噪声收费和当地空气质量的有关排放收费的具体指导在内的关于各成员国收费的指导"；"理事会强烈建议任何此类款项征收均应以收费而非收税的形式进行，收集的资金应首先用于减轻航空器发动机排放对环境的影响"；"鉴于此类收费应根据减轻航空器发动机排放的环境影响的成本来征收，只要此类成本能够适当确定并可直接归因于航空运输"。[①] 但也仅停留在建议的层面。

因此，国内法治在治理具有全球性特点的航空排放问题时存在无法克服的局限，规制效果无助于问题的解决和环境保护，甚至可能带来全球范围内更多的排放。有学者在分析了 20 世纪末欧洲国家针对航空排放进行国内法治的尝试后，也认为总体效果并不理想。[②]

---

① 《国际民航组织 A39 - 1 项决议：国际民航组织关于环境保护的持续政策和做法的综合声明——一般规定、噪声和当地空气质量，附录 H：航空对当地空气质量的影响》，第 I - 71 页。

② See Pablo M. J. Mendes de Leon, Steven A. Mirmina, "Protecting the Environment by Use of Fiscal Measures: Legality and Propriety", *J. Air L. & Com.* 62, 1997, p. 802.

二、航空排放区域法治的僵局

目前，航空排放的区域法治主要由欧盟在推行，具体体现为欧洲议会于2008年通过的2008/101/EU号指令及后续配套立法措施。但建立在该指令基础上的欧盟航空碳排放交易制度却遭到国际社会普遍质疑和反对，欧盟的航空排放区域法治措施陷入僵局。①

（一）欧盟航空碳排放交易制度的主要内容

1. 制度背景

1997年根据对《京都议定书》的承诺：2008年至2012年，使温室气体排放总量在1990年的基础上减少8%。紧接着，1998年欧盟委员会发布了名为《气候变化——指向欧盟的后京都议定书战略》的文件，强调欧盟应迅速制定政策来履行《京都议定书》的承诺。2001年，欧盟委员会通过了一项对欧盟范围内的排放交易指令，2003年10月欧盟温室气体排放交易体系（EU ETS）正式上升为法律，自2005年开始在当时的25个成员国内进行适用。

2. 适用对象

欧盟2008/101/EU号指令第2章第3a条规定：自2012年起，抵达或离开欧盟成员国境内机场的所有航班的碳排放将被纳入EU ETS。② 该指令的附件1也规定了可排除在EU ETS之外的航班。③

---

① 参见王寰鹰：《欧盟建议暂停征收航空碳税》，载新华网：http://news.xinhuanet.com/world/2012-11/13/c_123945535.htm.，最后访问日期：2014年12月13日。

② 2003年，欧盟为了履行《京都议定书》规定的量化减排义务，出台2003/87/EC号指令，建立了欧盟温室气体排放交易体系（EU ETS），涵盖欧盟能源、金属制造、矿产、造纸等行业12,000个工业排放实体，但当时的指令不包括民用航空排放。

③ 排除在EU ETS之外的航班：专门运输国家执政君主及其直系亲属、国家元首和内阁部长等官方代表团的航班；由军用飞机进行的军事飞行、海关和警用航班；进行搜救、救火、人道主义和紧急医疗的航班；目视飞行；进行飞行员、机组培训的航班；进行科学研究或检验航空器机载设备的飞行；最大起飞重量低于5700千克的飞行；在边远地区航路上或运力未超过每年3万个座位的飞行；连续3个周期（每周期为4个月）中各周期航班数量不超过243班，或年航班二氧化碳排放量低于每年1万吨的飞行。

3. 配额分配

根据该指令，将航空纳入 EU ETS 将从 2012 年 1 月 1 日起正式开始，而这一年正好是 EU ETS 交易期第二阶段的最后一年，第二阶段为 2008 ~ 2012 年，这个阶段实际上恰逢《京都议定书》的第一承诺期，在该阶段下需要有具体的减排目标，所以 2012 年 1 月 1 日至 12 月 31 日将作为航空排放交易体系的第一期，超额的惩罚也从第一阶段的每吨 40 欧元增加为每吨 100 欧元。① 2013 年 1 月 1 日至 2020 年 12 月 31 日的 8 年间，航空将与其他行业一起进入 EU ETS 第三阶段交易期。

根据该指令第 3c 条规定，2012 年分配给航空器运营人的配额总量等于历史航空排放（2004 ~ 2006 年欧盟境内国际航空排放量均值）的 97%。这一年的配额总量当中应有 15% 的拍卖配额，所以 2012 年航空器运营人所得的免费配额比例应当为配额总量的 85%。

从 2013 年 1 月 1 日开始的第三阶段交易期内，每年分配给航空运营人的配额总量减少为历史航空排放的 95%。这一期的配额总量中仍有 15% 的拍卖配额，但这一比例也许会随着欧盟整体的环境目标而提高，且配额也逐步向拍卖方式转变，以取代免费配额。另外，在这一阶段还在配额总量中留出了 3% 作为特别预留配额，这些配额仅供符合以下条件的航空器运营人申请：在 2010 年后，首次开通飞往欧盟航班的航空器运营人；2010 ~ 2014 年吨公里数据年均增长率超过 18% 的航空器运营人。所以在第三阶段交易期内，航空器运营人所得的免费配额为配额总量的 82%，这 82% 的免费配额也仅分配给报告了 2010 年经核实的吨公里数据的运营商。

欧盟后一个阶段的排放权交易政策总是在总结先前的经验教训并加以完善后得来的。② 故欧盟的第三个交易阶段，在总结第一阶段、第二阶段中因配额发

① See European Commission, "EU Emissions Trading System", Accessed July 20, 2019. https://ec.europa.eu/clima/policies/ets/pre2013_en.

② See Josephine van Zeben, "Subsidiarity in European Environmental Law: A Competence Allocation Approach", *Harvard Environmental Law Review* 38, 2014, p. 438.

放过多所导致的欧盟排放配额价格过低问题的基础上，将原有的通过配额分配给成员国再由成员国内部分配的模式，直接由欧盟分配到各航空运营人。另外，在第三阶段总体减排20%的目标下，排放上限按照线性递减系数每年下降1.74%，这实际上意味着欧盟第三阶段的排放配额每年将减少38,264,264项津贴。[①] 根据这一标准，航空公司在第三阶段每1000吨公里航程仅可获得0.6422个津贴。[②]

欧盟的第四个交易阶段为2021～2030年，欧盟委员会提议于2015年7月修订阶段四，旨在实现2030年气候和能源政策框架，相较于2005年欧盟的第四个交易阶段将削减43%的排放，从2021年开始补贴总额也将于每年2.2%的速度下降。

4. 实施程序

为了能够保证EU ETS的正常运行，实施监测、报告和核证（Monitoring, Reporting and Verification, MRV）制度。这一制度中将包括两项重要的过程：

（1）收入吨公里数据的MRV：欧委会和成员国根据航空器运营人提交的吨公里数据监测报告，向航空器运营人分配每年的免费配额；

（2）排放量数据的MRV：航空器运营人根据每年的排放监测报告，向欧盟上缴相应配额。

由具备欧盟认定资质的第三方核查员以经批准的监测报告为标准。

5. 处罚措施

根据该指令第16条规定，如果没有及时提交经核证的排放报告，航空器运营人的注册表账户将被冻结，管理成员国主管当局可对航空器运营人采取强制措施。对于在每年4月30日之前未上缴足够配额的航空器运营人，成员国将建立黑名单，并公布其名字，同时要求该航空器运营人支付每吨二氧化碳当量100欧元的超额排放罚款，并且下一年仍需缴纳上一年没有完成的配额量。若航空器运

---

① See Wil Burns, "The European Union's Emissions Trading System, Climate Policymaking Model, or Muddle?（Part Ⅱ）", *Tulane Environmental Law Journal* 31, 2017, p. 58.

② See European Commission, "EU ETS Handbook, Allocation of Aviation Allowances", Accessed July 20, 2019. https://ec.europa.eu/clima/sites/clima/files/docs/ets_handbook_en.pdf.

营人没有遵守该指令的要求,其他强制措施也未能确保实施时,其管理成员国可请求欧委会作出对相关航空器运营人施加运营禁令的决定。欧委会通过与该航空器运营人的管理成员国主管当局磋商,并向相关航空器运营人披露形成此决定的重要事实和考虑。相关航空器运营人可在10个工作日内向欧委会提交书面意见。最后,经欧委会的监管程序,可决定对相关航空器运营人施加运营禁令,各个管理成员国应在其境内执行该决定。

此外,欧委会还通过了为了保障2008/101/EU号指令实施的后续立法配套措施,包括以条例形式规定了二氧化碳小型排放源遵守欧盟排放交易体系的程序;向塞浦路斯、爱沙尼亚、法国、希腊、匈牙利、波兰、和斯洛文尼亚等7个成员国下发了加快制定法律或者行政措施,将航空业纳入EU ETS的立法意见;就航空历史排放量作出了决定,将航空历史排放量确定为219,476,343吨二氧化碳等。

(二)欧盟航空碳排放交易制度出台的理由

《欧盟航空排放交易规则》在出台前经过了调查研究、公开征求意见、委托实施专项研究、正式提出政策性文件、出具最终报告和起草立法建议等前置程序,欧盟航空排放交易制度的形成基于以下理由:

1. 巩固欧盟温室气体减排成果

国际航空业正在迅速增长,并很快将占据大量的排放量,这可能损害欧盟削减排放量的初衷。① 虽然政策行动使欧盟一些部门的温室气体排放减少,但航空排放量已经累计增加87%。② 从伦敦到纽约的一个国际航班产生的废气,相当于欧盟一个普通家庭一年取暖排放的数额。不将国际航班排放量纳入交易体系可能会抵消欧盟作出的减排努力。虽然航空温室气体排放仅占欧盟排放总量的3%,但是到2012年航空排放将在1990年基础上增长150%,如此增长速度将抵

① See Janelle Veno, "Flying the Unfriendly Skies: The European Union's New Proposal to Include Aviation in their Emissions Trading Scheme", *J. Air L. & Com.* 72, 2007, p. 674.

② Ibid.

消欧盟在《京都议定书》项下至少 20% 的减排任务。①

2. 填补国际航空温室气体排放“权力真空”

目前,关于国际航空温室气体排放尚没有形成严格意义上具有法律约束力的国际制度,国际航班温室气体排放游离在《京都议定书》之外,而国际民航组织对国际航班温室气体排放形成的决议、宣言、行动计划属于“软法”,没有严格意义上的法律约束力。目前,关于国际航空温室气体排放问题的国际法律制度尚处在形成过程中,国际航空温室气体排放问题形成了权力真空(a power vacuum)。②

3. 避免航空排放征税方法存在的法律障碍

在决定采取航空排放交易计划之前,欧盟环境委员会还审议了对航空排放征税的影响。欧洲航空公司协会指出,他们更倾向于以排放权交易代替收税和收费,航空排放不能通过排放税的方法解决,因为第三方国家和欧盟之间达成的协议,国际航班均享有对航空燃油征税的豁免。除国家另有协议,这些协议均排除了通过增加税收以抵消对环境的损害的方法。

4. 平等对待所有航空公司

该计划将分两个阶段实施。自 2011 年开始,国内机场之间的航班将被要求提交他们的排放量;在 2012 年,所有国际航班将被覆盖,只要他们到达或离开任何在欧盟的机场。欧盟倾向于除例外情况外,所有航空公司均应参加该交易计划。欧盟认为,既然将成员国航空纳入 EU ETS 构成欧盟解决减排问题措施之一,那么在欧盟占绝对多数市场份额的国际航空当然应当一视同仁。③ 如果没有外国航空公司参与,该计划就是徒劳。④ 所有航空公司将以相同的价格承担购买

---

① 参见宣增益:《航空减排路径之探讨——兼评欧盟航空减排交易指令》,载《中国政法大学学报》2011 年第 1 期。

② See M. Vittoria Giugi Carminati, “Clean Air & Stormy Skies: The EU-ETS Imposing Carbon Credit Purchases on United States Airlines”, *Syracuse J. Int'l L. & Com.* 37, 2010, p. 133.

③ 参见宣增益:《航空减排路径之探讨——兼评欧盟航空减排交易指令》,载《中国政法大学学报》2011 年第 1 期。

④ See Janelle Veno, “Flying the Unfriendly Skies: The European Union's New Proposal to Include Aviation in their Emissions Trading Scheme”, *J. Air L. & Com.* 72, 2007, p. 680.

额外的二氧化碳排放量,航空公司的竞争不会受到不利影响。

5. 具有成本和环境效益

欧盟环境专员斯塔夫罗斯迪马斯说:“将航空纳入欧盟排放交易是一种符合成本效益的解决方案,对环境友好,同等对待所有航空公司。”据估计,该机制每年可以节省多达18,300万吨碳排放量,两倍于澳大利亚年排放量。[①] 负责新方案的委员会表示,该系统的行政费用不会太大,各航空公司将只需要加入一个会员国报告系统,并且,如果市场已经成熟,市场交易成本低。此外,欧盟认为,航空公司的盈利能力不太可能因此遭受影响,航空公司可以通过提高机票价格将更多二氧化碳排放成本分配给客户。根据《气变公约》的影响评估,机票价格平均增幅为4.6~39.6欧元,取决于旅途长短,这不会大幅影响到预测的航空运输需求增长。航空公司有多种选择以减少排放量。运营商可以投资新飞机以减少排放量;可以改造他们目前的飞机,使它们更有效率,如添加表面处理以减少阻力或更换发动机;还可以通过优化路由网络和航班班次,减少飞机飞行时间。

(三)对欧盟航空碳排放交易制度的反对之声

尽管考察欧盟推出航空排放交易制度的理由,似乎显得言之凿凿、理由充分,但国际社会却出现众多反对、质疑之声。

在反对者前列的是国际航协。时任国际航协理事长的乔瓦尼比西尼亚尼曾说,这是一个全球性问题,需要全球性解决办法,“欧洲的解决办法是没有效果的”。[②] 他在国际航协年会上还曾宣称要把欧盟放在该组织所列的“耻辱墙”上。

美国联邦航空管理局也反对该计划将国际航班包括在欧盟排放交易体系之中,声称“(欧盟)这样的单边主义做法将被证明行不通,而且此做法会削弱而不是推进国际社会在管控航空排放影响方面的努力”。[③] 美国参议院2012年2月6日晚通过了价值630亿美元的航空法案(《欧盟排放交易计划禁止法案》),明确

① Janelle Veno, “Flying the Unfriendly Skies: The European Union's New Proposal to Include Aviation in their Emissions Trading Scheme”, *J. Air L. & Com.* 72, 2007, pp. 674 – 675.

② Ibid., p. 682.

③ Ibid., p. 683.

提出,反对欧盟向飞经欧洲的航班征收碳排放税,将动用“一切政治、外交和法律途径”确保欧盟碳排放交易体系不对美国航班征税。①

俄罗斯也早就多次批评欧盟的计划。俄罗斯驻欧盟大使奇若夫说,如果欧盟单方面强制推行减排规定,俄罗斯将采取反制措施,向飞越西伯利亚航线的欧洲航空公司收取费用。②

中国坚决反对欧盟航空碳排放交易制度,并于 2012 年 2 月发布指令,禁止境内航空公司加入欧盟航空排放交易体系,反对欧盟在国际航空领域采取单边措施。③ 且声称要扣留与空客 600 亿元的订单。

印度环境部部长贾扬提·纳塔拉扬(Jayanthi Natarajan)说:“不管是对印度环境部,还是对我个人来说,欧盟的航空碳税政策对于国际气候谈判都是一个障碍。因为我们不能让欧盟的航空碳税政策成为国际气候谈判的一个话题,不能让环保这个面纱掩盖了其单边贸易协定的本质。我个人强烈地认为,对于国际气候谈判,欧盟的航空碳税是一个让人难以接受的障碍。”④

2011 年 9 月 30 日,印度新德里举行 21 国会议(阿根廷、巴西、智利、中国、哥伦比亚、古巴、埃及、印度、日本、韩国、马来西亚、墨西哥、尼日利亚、巴拉圭、卡塔尔、俄罗斯、沙特、新加坡、南非、美国和阿联酋),70 多位政府代表参加,发表了《新德里共同声明》。《新德里共同声明》指出,“反对欧盟将非欧盟成员国承运人抵达/离开欧盟成员国境内机场的所有航班纳入其排放交易系统计划中,这不符合国际法”;“敦促欧盟及其成员国将非欧盟成员国承运人抵达/离开欧盟成员国境内机场的航班从欧盟排放交易体系中分离出来”。

---

① 参见廖丰:《各方呼吁航空碳排放全球性解决方案》,载新浪财经网:http://finance.sina.com.cn/world/20120211/105411358661.shtml.,最后访问日期:2013 年 5 月 11 日。

② 参见张旸:《美欧航空减排官司开审》,载人民网:http://world.people.com.cn/GB/15092336.html.,最后访问日期:2018 年 6 月 7 日。

③ 参见林红梅:《中国禁止境内航空公司参与欧盟排放交易体系》,载新华网:http://news.carnoc.com/list/212/212950.html.,最后访问日期:2012 年 8 月 6 日。

④ 邱婧编译:《印度:欧盟航空碳税将成为国际气候谈判障碍》,载民航资源网:http://news.carnoc.com/list/219/219649.html,最后访问日期:2018 年 7 月 12 日。

2012年2月14日,由中国、印度、巴西和南非组成的"基础四国",在印度新德里举行的第10次部长会议上共同反对欧盟强征航空碳排放税。会议发表的联合声明指出,"基础四国"坚决反对欧盟将航空业纳入碳排放交易体系,并对此表示深切担忧。声明认为欧盟此举破坏了联合国气候变化框架公约等国际法,与多边主义原则相悖。欧盟不顾国际社会的强烈反对,以气候变化为名采取单边行动,将严重阻碍应对气候变化的国际努力。声明还强调,"基础四国"对发达国家考虑在国际航运领域也引入类似的单边措施表示关注。① 据国际航空运输协会估计:若不加限制的适用欧盟的碳排放交易体系,国际航空运输将至少增加数十亿美元的成本;根据中国民航总局分析,适用欧盟的碳排放交易机制到2020年将每年给中国航空运输额外增加30亿元人民币的支出,累计支出将达到176亿元人民币。②

2011年11月2日,国际民航组织在蒙特利尔总部举行的第194届理事会第二次会议上通过理事会决议,首次明确反对欧盟单边将国际航空纳入欧盟排放交易体系,并形成相关决议和宣言,敦促欧盟及其成员国与国际社会合作共同应对航空排放。③

2012年2月22日下午,32个国际民航组织非欧盟成员国结束在莫斯科就欧盟将航空纳入碳排放交易体系展开的为期两天的磋商会议,起草并通过了《莫斯科宣言》,目前已有23个国家签署。共同反对欧盟单方面将国际航空纳入欧盟的碳排放交易体系,并对宣言和一揽子应对措施的内容达成一致,要求欧盟停止单边行动回到多边框架下解决。在国际社会的多方压力下,欧盟气候行动司司长德贝克表示若未来国际社会能够建立一套优于欧盟碳交易体系的规则,EU ETS可

---

① 参见毛晓晓:《反对欧盟强征航空碳排放税》,载人民网:http://www.people.com.cn/h/2012/0216/c25408-3596887349.html.,最后访问日期:2014年5月16日。

② See Wenqiong Liang and Liying Zhang, "Legal Issues Concerning the EU Unilateral Aviation ETS: a Chinese Perspective", *S. C. J. Int'l L. & Bus* 11, 2014, p. 4.

③ 参见张大成:《国际民航组织反对欧盟航空"碳管制"》,载新华网:http://news.xinhuanet.com/world/2011-11/03/c_111143482.htm? prolongation=1,最后访问日期:2014年1月3日。

暂时停止适用。基于此,2012 年 11 月国际民航组织理事会通过了相关决议,欧盟随即决定暂停向非欧盟国际航班征收航空碳税。① 2016 年,鉴于国际民航组织大会通过了一项关于全球减排措施的决议,即通过市场措施来解决国际航空的二氧化碳排放问题。对此,欧盟决定从 2017 年起将碳排放交易体系的地理范围限制在欧洲经济区内。另外,欧盟的碳排放交易体系中的航空部分将会根据国际民航组织所建立的国际航空碳抵消和减排计划做出新的审议,若无法就欧盟国际航空减排适应国际航空碳抵消和减排计划作出新的修正案,欧盟将从 2024 年全面恢复原来的实施范围和实施安排②。

(四)欧盟航空碳排放交易制度存在的主要问题

国际社会之所以出现众多对欧盟航空碳排放交易制度持反对的声音,主要在于该制度存在政治、法律和实际效果等方面的诸多问题。③

1. 政治方面

第一,从国际政治角度讲,欧盟以外的政府及行业团体普遍认为,欧盟独自将包括国际航班在内的航空碳排放问题纳入其排放交易体系是不恰当的,因为国际航空排放引起的气候变化问题本身是一个国际问题,应寻求全球方案解决。④

第二,欧盟这样做意味着向其他国家或地区强行推销其所青睐的办事方法和价值取向。但事实上,欧盟立法并非航空排放立法的唯一途径,排放权交易也并非航空减排的唯一措施。每个国家都有权设定自己的减排方案和措施,欧盟无权

① 参见刘衡、黄志雄:《论欧盟航空碳税“停摆”的原因与启示》,载《法治研究》2013 年第 10 期。

② See European Commission, “Aviation in EU Emissions Trading System”, Accessed June 22, 2019. https://ec.europa.eu/clima/policies/transport/aviation_en.

③ 欧盟 ETS 的七宗罪:第一宗罪,侵犯他国主权;第二宗罪,违反国际公约;第三宗罪,逆市场导向;第四宗罪,树新贸易壁垒;第五宗罪,不公平分配;第六宗罪,反全球一体化进程;第七宗罪,制造“碳泡沫”。许晓泓:《中航协:赞成并积极支持所有直接减排措施》,载环球旅游网:http://www.tvtour.com.cn/news/html/air/2011/0815/67664.html,最后访问日期:2013 年 8 月 15 日。

④ See Daniel B. Reagan, “Putting International Aviation into the European Union Emissions Trading Scheme: Can Europe do it Flying Solo?”, *B. C. Envtl. Aff. L. Rev.* 35, 2008, p. 366.

也不可能加以改变。①

第三,对于发展中国家而言,欧盟的排放交易体系延伸到国际航班,干扰了他们采用其他减排措施的进程,而其他减排措施可能更适合于这些发展中国家,如空中管理的改进。②

2. 法律方面

首先,违背了"共同但有区别的责任"原则。EU ETS 指令将所有在欧盟境内起飞或降落的航班都纳入其温室气体排放配额交易机制中,即意味着其他非欧盟国家,包括像中国这样的发展中国家的航空公司都被纳入这一机制中,并加以明确的配额限制。而且对欧盟成员国和非欧盟成员国的航空器运营人实行同样的配额计算公式,并没有给发展中国家的航空公司的发展需要以必要的关注。该指令在事实上通过对发展中国家航空公司的配额限制,对发展中国家施加明确的减排义务,给发展中国家增加了额外的减排负担。这有悖于《气变公约》所确立的"共同但有区别的责任"原则,并且违背了《京都议定书》第 2.2 条非附件 1 国家不承担量化减排义务的规定。值得一提的是,欧盟排放交易制度中 3% 的特别预留配额,似乎可以为发展中国家享用,算是对发展中国家的特别关照,但其要求在 2010 年后首次开通飞往欧盟航班的航空运营人,或者 2010 ~ 2014 年吨公里数据年均增长率超过 18% 的航空运营人方可申请,这样苛刻的条件对于大多数发展中国家的航空运营人而言,实际上是"镜中花、水中月"。欧盟碳交易体系明显的单边性和"一刀切"的特点,很难得到广大发展中国家的认可,在欧盟的减排机制下最大受害者仍将是发展中国家的航空乘客们。③

其次,与《芝加哥公约》和国际民航组织基本文件不一致。《芝加哥公约》第 15 条中包括了机场和其他类似收费的规定,国际民航组织相应出台了两份指导

---

① See Daniel B. Reagan, "Putting International Aviation into the European Union Emissions Trading Scheme: Can Europe do it Flying Solo?", *B. C. Envtl. Aff. L. Rev.* 35, 2008, p. 366.

② Ibid.

③ See Kaylin Gaal, "Soaring Gas Prices: Policy Considerations for the European Union Emissions Trading System and Aviation", *Wm. & Mary Envtl. L. & Pol'y Rev.* 38, 2013, p. 5.

性政策文件：《机场和航行收费文件》和《国际航空运输税收文件》，都涉及了航空排放收费的限制条件。在 EU ETS 中，参与部门需要通过拍卖或在碳交易市场上购买配额来为排放支付费用，这相当于变相的收费或收税，这与《芝加哥公约》和国际民航组织基本文件不一致。另外，国际民航组织历次大会的决议中，均有在国家之间相互同意的基础上，方能实施排放权交易制度的表述。而欧盟单方面将国际航空纳入 EU ETS 并采取单边行动，显然违背了国际民航组织对航空排放交易问题的基本立场。

再次，对航空排放问题的管辖超出了其应有的管辖权限。欧盟指令中将飞机排放量的计算规定为飞往或飞离欧盟航线的全部排放量，这在事实上超过了欧盟应有的管辖权限，使其对非欧盟地区的航空排放也实施了管辖。这里存在两种情况：一种是欧盟作为航空器起飞或降落国与航空器过境国之间对航空排放管辖权的冲突，涉嫌侵犯别国主权；另一种是对于非国家管辖区域而言，如公海水域上空等，欧盟对此区域内飞行的非欧盟航空器行使管辖虽然不与其他国家的管辖权产生冲突，但依然缺乏充分的管辖根据。美国等一些国家也明确表示欧盟没有权利管辖非欧盟国家的国际航班。①

最后，违背国际贸易公平原则。欧盟 2008/101/EU 号指令是根据基准年排放量进行配额分配的，原有的大型航空公司将在分配中占据优势，对于小型航空公司和潜在的市场进入者而言，无疑处于不利的地位。该指令在配额分配过程中，虽然考虑到了 2010 年后新开通欧洲航线的航空公司和发展速度较快的航空公司的需求，但对于 2010 年后新开通欧洲航线的公司来说，只能在 2016 年后才能获得特别预留配额；对于发展速度较快的公司来说，首先必须要满足 2010 ~ 2014 年收入吨公里平均增长超过 18% 的条件，而且只有超过 18% 的部分才能分配到特别预留配额。该指令的实施会增加小型航空公司的运营成本，减少其经济效益，而大型航空公司尤其是发达国家的航空公司在规模、技术和资金等方面都

① See David P. Stewart, "Air Transport Association of America v. Secretary of State for Energy and Climate Change," *American Journal of International Law* 107, 2013, p. 187.

占有优势,且本身获得的免费配额较多,更有能力化解欧盟航空 ETS 实施造成的负面影响。因而,这种貌似平等的分配方案,实际上却是“先排先得”“多排多得”,发达国家航空排放的历史性责任不去追究,违背了自由贸易竞争的公平原则。

3. 技术方面

美国航空业的代表认为,国际航空减排应该首先追求空中交通管理系统的改造,通过优化空中交通管理系统能够更快速地实现减少航空排放并降低成本。他们进一步争辩说,欧盟排放交易系统扩展到国际航空,会打击政府提高空中交通管理效率的积极性。此外,批评者还认为,由于航油在航空运输成本中占有很高份额,从经济成本和航油供应安全脆弱性方面考虑,国际航空已经是一个高效率的行业,采用碳排放交易措施不会获得欧盟预期的航空燃料效率提高的效果。

欧盟指令中有关排放配额的分配也引起关注。按照欧盟指令,排放额度中的少量用于拍卖,大多数排放免费分配给服务供应商。批评者认为,航空公司可能一方面获得免费排放,另一方面却向消费者收费,从而实现丰厚的利润。这些批评家认为,这将削弱排放权交易作为一项严肃的气候变化缓解措施的实际效果,给排放权交易的信誉造成伤害。另外,有航空公司代表对预留排放额度表示关切,他们担心对未来航空公司预留排放额度承诺的数量不足,会妨碍新的竞争者进入市场,同时有利于现在的航空公司,这会带来对自由贸易竞争环境的破坏。

欧盟指令中对于非欧盟运营商的监测和遵守计划也引起关注。欧盟指令要求由欧盟成员国对分配的各航空公司进行管理,并实施监测、报告、核证操作,管理成员国的分配依据为该航空公司起飞降落次数最多的国家。根据这项计划,欧盟管理成员国管理的外国航空公司通常是本国航空公司最大的国际竞争对手,其固有的公平性受到质疑。

评论家们还批评了欧盟指令的覆盖范围,担心会造成市场的扭曲。航空运营人也警告说,他们可以考虑重新安排航线和航路,以规避欧盟航空碳排放交易系统的管辖。在欧盟,德国汉莎航空公司已威胁要搬迁到瑞士的苏黎世——一个非欧盟国家——以避开该系统对其的效力。非欧盟运营商,如亚洲航空公司,可能会使用欧盟临近地区作为航空枢纽。

4. 实际效果方面

欧盟的区域法治在治理具有全球性特点的航空排放问题时，仍然存在费用规避、市场扭曲等国内法治存在的局限，乘客本来从美国直飞欧洲，但是，受欧盟指令的影响，航空公司可能先从美国飞往欧盟附近的国家，然后再飞入欧洲。这可能导致航空碳排放量的增加而不是减少，无助于问题的解决和环境保护。此外，就发展中国家航空运输业而言，欧盟委员会曾建议，发展中国家的航空公司可以使用其最新的机队飞入欧盟，以帮助他们维持进入欧盟的航班排放较少的废气。然而，这样的安排意味着仅仅改变了航空污染物排放的空间位置，而不是真正解决航空减排问题。较老的机队可以飞往那些不受欧盟排放交易系统规制的地方，散发同样的排放量并影响整个世界。

欧盟是航空排放法律规制的先行者和积极推动者。欧盟在技术标准、运行管理和市场措施等降低航空排放的方法中选择了市场措施，在市场措施中，放弃了征收燃油税等其他措施，采用了将航空业纳入欧盟温室气体排放交易体系的办法。尽管欧盟方面对其航空碳排放交易制度信心满满、态度坚决，但该制度却面临来自欧盟以外政府、行业团体等在政治、法律、技术及实际效果等方面的各种质疑、压力和反对。法律的实施以广泛的社会共识性基础为必要条件。可以预见，由于欧盟航空排放交易规则存在诸多问题，其实施效率和实际效果必定会大打折扣。

三、航空排放国际法治的缺漏

由于国际社会并不存在凌驾于各主权国家之上统一的国际立法机构，因此，航空排放的国际法治需要依托既有国际条约和国际组织系统推动。国际层面上解决航空排放主要有两种方案：一种是将航空排放问题作为一般环境问题，并入已有国际环境公约机制加以解决，如《气变公约》《京都议定书》《蒙特利尔议定书》《巴黎协定》等；另一种是将航空排放作为特殊问题，由行业性专门机构即国际民航组织在其体系框架内解决，目前这两种方案在调整航空排放问题时均存在制度性供给不足的缺漏。

（一）现有国际环境公约没有提供有效的航空排放解决机制

1992年通过的《气变公约》是世界上第一个全面控制温室气体排放的国际公约，自1995年以来，每年都会举行《气变公约》的缔约方会议，并对气候变化的进程进行评估和考量。公约明确了稳定大气中温室气体浓度的目标、确立了指导缔约方保护气候系统的五大原则、根据共同但有区别责任原则规定了不同缔约方的不同义务，可以说，《气变公约》构筑了全球气候变化及温室气体排放的基本法律框架。但是，该公约对能否将航空温室气体排放纳入其中未作明确。在《气变公约》谈判之时未能认识到全球民用航空业的独特性，《气变公约》对航空温室气体排放的处理模糊。如果根据《气变公约》上下文推断，航空排放中的国内航空排放似乎是可以纳入《气变公约》国家排放总量的，但国际航空排放则不清楚。国际航空排放应该如何计算，应该算在何国排放总量之中，公约对此关键问题未作规定。《气变公约》要求缔约国限制"他们的"排放，但国际航空排放应归属于何国却是个先决而又未决的问题。且纵观《气变公约》全文其主要通过附件1与附件2两个部分，将发达国家与发展中国家的责任进行了区分和界定，例如，第4条中所规定的附件1所列发达国家的带头义务和附件2所列国家的资金、技术的援助义务。但是，纵观《气变公约》全文并未针对不履行或不完全履行义务情形下的惩罚机制，而仅通过"促进""便利"等词汇来发挥建议性作用。

1997年12月11日在第三届缔约方会议中通过的《京都议定书》作为《气变公约》的后续机制，为发达国家规定了有法律约束力的量化减排指标，同时，发达国家量化减排指标的运行机制也使航空排放成为《京都议定书》必须明确的问题。尽管《京都议定书》的国家温室气体减排目标几乎适用于所有工业部门，但航空温室气体排放却被排除。《京都议定书》在其第2.2条对航空排放做了转致规定，明确将航空排放交由国际民航组织解决。① 这里，需要进一步说明的是，按

① 《京都议定书》第2.2条规定："附件1所列缔约方应分别通过国际民用航空组织和国际海事组织做出努力，谋求限制或削减飞机和船舶用燃油产生的《蒙特利尔议定书》未予管制的温室气体的排放。"

照该条款之规定，仅明确了将航空排放交由国际民航组织解决，却没有指明是国内航空排放，还是国际航空排放，还是二者均包含在内。这导致理解上的歧义。①如果从字面理解，似乎应取广义，指所有航空排放，既包括国际航空排放，也包括国内航空排放，均应从《京都议定书》现有机制中排除，交由国际民航组织规管。但是，从后来国际民航组织的相关文件以及学者的阐述来看，倾向于狭义的理解，仅指国际航空排放交由国际民航组织解决，《京都议定书》可以约束国内航空排放。②

《京都议定书》的先进性在于创造性地提出了3个以市场为基础的灵活性全球温室气体减排机制，即针对附件B所列国家减排的排放权交易机制和共同执行机制，以及帮助发展中国家减排的清洁发展机制。该议定书也以共同但有区别的责任为基础，强调了附件B中发达国家的特定减排义务。但是由于在《京都议定书》中欠缺对缔约国履行减排义务的制约机制与未履行或未完全履行时的惩罚机制，所以如果附件B中的国家不对《京都议定书》第二轮承诺目标进行谈判（如加拿大）的话，那委员会可能对此无法采取任何有效的措施进行制约，因为委员会的唯一惩罚机制就是按照惩罚率扣减第二个承诺期的分配数额。③ 从批准国家的实际情况来看 ，第二轮的减排目标实际上只覆盖了极少数的国家，所涉及的排放总量也只占据了排放整体中的很小一个部分，这样看来，《京都议定书》实际上并未发挥出原本设想的作用，单从其产生的效果上来讲并不成功。

《蒙特利尔议定书》是1987年9月为落实《维也纳保护臭氧层公约》，由联合国环境规划署主持，在加拿大蒙特利尔召开了控制含氯氟烃的各国全权代表会议

---

① See Heather L. Miller, "Civil Aircraft Emissions and International Treaty Law", *J. Air L. & Com* 63, 1998, p. 721.

② See Janelle Veno, "Flying the Unfriendly Skies: The European Union's New Proposal to Include Aviation in their Emissions Trading Scheme", *J. Air L. & Com.* 72, 2007, p. 673.

③ Procedures and mechanisms relating to compliance under the Kyoto Protocol in the Report of the Conference of the Parties serving as the meeting of the Parties to the Kyoto Protocol on its first session, held at Montreal from 28 November to 10 December 2005, Addendum, Part Two: Action taken, FCCC/KP/CMP/2005/8/Add. 3, 2006.

上通过的有关控制耗减臭氧层物质的国际草约。议定书作为会议的成果被通过后向各国开放签字,于1989年1月1日起生效。《蒙特利尔议定书》以附件列表的形式明确了受控物质的种类,并规定缔约方可以协商调整受控物质的种类。经过缔约方会议进行的多次调整和修正,《蒙特利尔议定书》扩大了受控物质的范围,加快了淘汰进程。尽管目前《蒙特利尔议定书》明确的受控物质很多,但集中于氯氟烃和氯氟烷类物质,航空排放对臭氧层的破坏主要是氮氧化物和碳化物,《蒙特利尔议定书》目前对航空排放危害臭氧层物质的规管尚没有开展。

《巴黎协定》也是《气变公约》项下的协议,是对2020年后应对世界气候变化所作的安排。在经历了哥本哈根气候变化大会的破裂及《京都议定书》的失败后,《巴黎协定》创造性地确立了混合型治理模式,尽可能地吸收主权国家参与到减排进程中。截至2018年11月,194个国家和欧盟已经签署了《巴黎协定》,其中包括在UNFCCC框架下4个最大的温室气体排放国家中的3个:中国、美国和印度。但是《巴黎协定》也未规定有关于缔约国义务履行的强制性约束机制。2017年8月4日,美国总统特朗普向联合国正式发出通知,要求在符合法律规定的条件下尽快退出《巴黎协定》。美国此举将会大大动摇国际社会的减排决心,甚至会因为缺少美国的支持而对国际航空减排工作带来一定程度上的经济与技术障碍。即便如此,《巴黎协定》也无法对美国的这种不负责任的行为采取任何的抵制措施。另外,《巴黎协定》的目标是:把全球平均气温升幅控制在工业化前水平以上低于2摄氏度之内,并努力将气温升幅限制在工业化前水平以上1.5摄氏度之内。[①] 这种大幅度缩减剩余碳排放空间的减排目标,实际上会给印度等发展中国家带来不安,因为这些国家尚需通过发展航空经济改善国内经济水平促进国家进一步发展。[②]

通过对《气变公约》《京都议定书》《蒙特利尔议定书》《巴黎协定》有关航空

① 《巴黎协定》第2条。

② See Lavanya Rajamani, "Ambition and Differentiation in the 2015 Paris Agreement: Interpretative Possibilities and Underlying Politics", *International and Comparative Law Quarterly* 65, 2016, p. 493.

排放的考察,可以发现,将航空排放纳入既有国际环境公约体系,除一些基本性原则可以确立之外,目前并没有实质性进展,也无法达到促使缔约国减排义务实际履行的目的。无论是《气变公约》《京都议定书》,还是《蒙特利尔议定书》《巴黎协定》,均有各自体系中更为核心和重要的问题,无心也无力解决航空排放特别是国际航空排放问题。

(二)国际民航组织对航空排放的规管范围和约束力有限

1944 年在美国芝加哥签订并于 1947 年生效的《芝加哥公约》确认了国家航空主权、明确了飞行权利、设立了国际民用航空组织、规定了航空争端解决程序,构架了国际民用航空基本法律框架,被称为国际民用航空基本法。但令人遗憾的是,在《芝加哥公约》22 章共计 96 个条款中,没有任何章节或条款规定了航空排放问题,在通篇的公约文本中,"排放""噪声""环境"等词语均没有出现过。可以看出,航空环境问题在《芝加哥公约》签署当时几乎未作任何考虑。

1971 年国际民航组织通过了《〈芝加哥公约〉附件 16:环境保护》,制定了航空器噪声和发动机排放的环保标准,该附件的第Ⅱ卷是与航空器发动机排放有关的规定;附件的第Ⅲ卷是有关于飞机二氧化碳排放的规定;附件第Ⅳ卷则是有关于国际航空碳抵消和减排计划的最新规定。

附件 16 第Ⅲ卷——飞机二氧化碳排放由 ICAO 制定于 2017 年 7 月并于 2018 年 1 月 1 日正式适用。2010 年国际民航组织大会第 37 届会议通过的第 A37－18 和 A37－19 项决议中指出,"鉴于理事会已经开始了制定和通过航空器二氧化碳标准的工作,并已将这一行动通知了各缔约国","欢迎理事会于 2010 年 5 月批准了关于制定航空器二氧化碳标准的计划",①"争取在 2013 年制定航空器的全球二氧化碳标准"。② 要求理事会制定全球飞机的二氧化碳排放标准,随后

① 国际民航组织 A39－18 项决议:国际民航组织关于环境保护的持续政策和做法的综合声明———般规定、噪声和当地空气质量,附录 B:与环境质量有关的标准、建议措施及程序和/或指导材料的制定,第Ⅰ－52 页。

② 国际民航组织 A38－19 项决议:国际民航组织关于环境保护的持续政策和做法的综合声明——气候变化,24. e,第Ⅰ－67 页。

航空环保委员会编制了关于飞机二氧化碳排放的国际标准和建议措施草案，磋商修订后由理事会通过。[①] 附件16第Ⅲ卷通过定义和符号、基于燃油消耗的飞机二氧化碳排放合格审定标准以及附录飞机二氧化碳排放评定度量值的确定及基准几何因子等几个方面来进行规范。

附件16第Ⅳ卷——国际航空碳抵消与减排计划（Carbon Offsetting and Reduction Scheme for International Aviation，CORSIA）制定于2018年10月，并于2019年1月1日正式适用。鉴于ICAO大会的第A38－18项决议决定制订用于国际航空的全球基于市场的措施计划，故于A39－3项决议中决定实施一项全球基于市场的措施计划，以CORSIA机制来解决国际民用航空产生的高于2020年水平的二氧化碳排放总量的任何年度增长量。[②] 在Ⅳ卷中主要围绕ICAO的CORSIA抵消方案，具体分为第一部分：定义、缩写和单位；第二部分：国际航空碳抵消和减排计划的管理、飞机运营方年度二氧化碳的监测报告和核查制度、符合CORSIA抵消计划的合格燃料、排放单位及包括管理方式、燃料使用监测方法、二氧化碳排放的估计和报告方法、排放监测计划、报告、核查在内的6个附录。附件16第Ⅳ卷详细的规定了国际航空碳抵消与减排计划的具体规则，有助于国际航空减排工作的推进与实施。

自20世纪60年代末以来，国际民航组织还以大会决议、理事会指导材料、高级别环境会议宣言和建议等形式，构筑了庞大的航空排放国际“软法”体系，包括但不限于：《机场规划手册》第2部分“土地使用和环境控制”（Doc. 9184号文件）、《国际民航组织运行措施指南》（Cir. 303号通告）、《关于机场和空中航行服务收费的政策》（Doc. 9082号文件）、《国际航空运输领域收税政策》（Doc. 8632号文件）、《与当地空气质量有关的航空排放收费指南》（Doc. 9884号文件）、《航空排放权交易使用指南（草案）》（Doc. 9885号文件）、《自愿减排措施指导原则和

① 参见国际民航组织附件16—环境保护，第Ⅲ卷——飞机二氧化碳排放，历史背景，p. vii。

② 参见国际民航组织A39－3项决议：国际民航组织关于环境保护的持续政策和做法的综合声明—全球基于市场措施（MBM）计划，第Ⅰ－81页。

范本》、《国际民航组织高级别环境会议的宣言和建议》、《国际民航组织航空替代燃料会议的宣言和建议》、《国际民航组织关于环境保护持续政策和做法的综合声明》、《环境技术手册Ⅳ卷—证明符合国际航空碳抵消和减排计划的程序》(Doc. 9501 号文件)、《关于制定国家二氧化碳减排活动行动计划的指导》(Doc. 9988)等。但目前，国际民航组织在此方面的努力均没有严格意义上的法律约束力。

综上所述，如果说国际社会对航空排放问题有所规定的话，那么也仅限于尚无严格法律约束力的《〈芝加哥公约〉附件 16：环境保护》的第Ⅱ卷至第Ⅳ卷，但《气变公约》和《芝加哥公约》确立的可以延伸适用于航空排放的原则，《京都议定书》确立的可以涵盖其国内航空排放的发达国家的量化减排机制等仅就国际航空减排的边角问题进行了规制。但是，对于占据航空排放国际法治核心的、国际社会更为关注和重要的国际航空温室气体排放问题，特别是国际航空二氧化碳排放问题尚游离在《京都议定书》等之外，没有形成严格意义上具有法律约束力的国际制度。因此，目前的航空排放国际法治处于制度性供给严重不足，重大核心问题尚无具有强制执行依据的法律的局面。航空排放问题被形象地称为“烫手的山芋”，形成了“权力的真空”。①

第三节　航空排放国际法治的共识

无论是航空排放的国内法治、区域法治还是国际法治，均存在这样或那样的问题，航空排放法治的现有举措陷入困境。但法治是一个发展的进程，是一个从过去向未来的过程，有其历史和现在，更存在其自身的理想。② 尽管目前航空排放的国际法治尚存缺漏，未来的航空排放国际法治如何构架尚存分歧，但航空排

① See M. Vittoria Giugi Carminati, “Clean Air & Stormy Skies: The EU-ETS Imposing Carbon Credit Purchases on United States Airlines”, *Syracuse J. Int'l L. & Com.* 37, 2010, p. 133.

② 参见何志鹏：《国际法治：一个概念的界定》，载《政法论坛》2009 年第 4 期。

放问题应该主要通过国际法治寻求全球解决的政治共识却正在形成。

一、航空排放国际法治共识的形成

时任国际航协理事长的乔瓦尼·比西尼亚尼在欧盟刚刚推出航空排放交易制度之即,即表明了其认为航空排放应通过国际法治寻求全球解决的态度。他说,这是一个全球性问题,需要全球性解决办法。国际航协还指出,尽管航空运输排放的数量看上去似乎很大,但仍然只占全球总量的2%,即使将航空排放完全根除,与工业经济活动的排放相比,也只是很有限地减少了排放,因此,应支持一个更符合成本效益的系统。国际航空运输协会承认在提高航空运输环境保护方面有压力,但同时认为应防止航空温室气体排放交易成为一场政治斗争。①

现任国际航协理事长汤彦麟表示,全球航空业其实都有减少二氧化碳排放的目标,比如说在2020年之前,每年提高碳排放效率1.5%,2050年减少碳排放一半等计划。这些需要各国互相的协调和合作,来共同实现这样的目标。汤彦麟强调,航空公司在全球范围内高效、安全地连接世界航班,需要有一套全球标准,“我们需要的是一个全球的解决方案,而不是欧洲的解决方案”。②

美国运输部主管航空运输和国际事务的助理部长苏珊·柯兰德在2012年中国民航发展论坛的发言中指出,欧盟对航空业强制实行排放交易计划是“正确的目标当中的一个错误的做法”。美国赞同欧盟环境保护的目标,但是把非欧盟国家的航空公司纳入欧盟的碳排放交易计划当中是错误的。她表示,“美国期盼着和国际航空业各个利益相关方合作,真正找到减少二氧化碳排放的解决方案,以使所有的利益相关方从中受益”。③

欧盟在公开场合也支持航空排放的国际法治和全球解决方案。面对各方的指责,出席2012年中国民航发展论坛活动的欧盟代表、欧盟航空与国际运输政策

① See Janelle Veno, “Flying the Unfriendly Skies: The European Union’s New Proposal to Include Aviation in their Emissions Trading Scheme”, *J. Air L. & Com.* 72, 2007, p. 682.

② 《欧盟口气软化,碳排放全球解决方案酝酿待出》,载民航资源网:http://news.carnoc.com/list/223/223280.html,最后访问日期:2018年7月23日。

③ 同上。

司司长马修·鲍德温(Matthew Baldwin)称,“欧盟不打算和其他任何一方对立打贸易战,这样不符合各方任何一方利益”。他重申欧盟支持全球的解决方案,“我们希望能有一个积极的前瞻的解决方案,同时能适应民航业的发展”。欧盟曾公开表示如果国际民航组织能够就全球性措施达成协议,欧盟将考虑相应地调整其碳排放交易计划。[①]

国际民航组织理事会主席罗伯特·高贝·冈萨雷斯亦表达了国际民航组织在解决碳排放争端问题中的立场,“全球航空运输业的快速发展,在安全、安保、环境保护等方面也提出了一些挑战,我们需要有相关的战略来迎接这些挑战。我们需要在这些方面加强合作,在国际民航组织框架内做更多工作。”此外,国际民航组织已经启动了一个关于全球统一的碳排放交易体系的会谈。[②]

在国际航空排放问题上,需要一个公平、公正、合理的国际法治基础上的全球性解决方案,这正在成为国际社会的共识。对此,国际民航组织于第39届大会决定实施一项全球的基于市场的措施计划CORSIA。并明确表示,“注意到航空业反对分散的国家和地区基于市场的措施,支持制定单一的全球碳抵消计划,认为这是符合成本效益的措施,可补充包括技术、运行和基础设施措施在内的更为广泛的一整套措施”“强调大会第38届会议关于制定用于国际航空的全球基于市场的措施计划的决定,反映了成员国大力支持对国际航空业采取一个全球性解决方案,反对可能是分散的国家和地区基于市场的措施”。[③]

二、航空排放国际法治共识的决定性因素

国际社会之所以在航空排放领域能够形成较为广泛的共识,共同认可航空排放问题应单独通过国际法治的顶层制度设计寻求全球解决,其决定性因素在于国际社会对航空排放法律规制特殊性和重要性的认识。

---

① 《欧盟口气软化,碳排放全球解决方案酝酿待出》,载民航资源网:http://news.carnoc.com/list/223/223280.html,最后访问日期:2018年7月23日。

② 同上。

③ 国际民航组织A39－3项决议:国际民航组织关于环境保护的持续政策和做法的综合声明——全球基于市场措施(MBM)计划,第Ⅰ－80页。

（一）航空排放具有可移动性

航空排放与其他行业排放，如能源工业、燃料燃烧、制造业和建筑业等相比，排放源不固定，这使对其的法律规制变得复杂而特殊。以《气变公约》《京都议定书》等为基础的现有国际机制是通过限定主要工业国家的工业二氧化碳排放量来促使公约目的实现的，对于排放源和排放足迹均处于一国之内的二氧化碳排放，运用该机制进行管控是有效、适当的。但航空排放有很大不同，其排放足迹可能延展至很多国家和公海的上空。这类排放到底归属于何国？何国应对此类排放负责？是航空器注册登记国还是航空排放物所在国？何国并在多大范围内行使管辖权？如何有效控制和减少航空排放？如何公平分配航空排放限额？这些问题是《京都议定书》现有机制无法解决的，这也是《京都议定书》将其排除的根源所在。与此类似，《京都议定书》第2.2条将海上运输产生的船舶燃油排放也排除在外。《京都议定书》第2.2条将航空排放和航海排放排除在外，其根本原因即是对这两类排放特殊性的充分认识，寄希望于国际社会能够通过专门性的制度安排解决这两类排放问题。

（二）航空排放具有全球性

在航空运输活动中，国内航空运输仅占有次要份额，而跨国性国际航空运输占有更主要份额。数据显示，国际航空运输大约占整个航空运输活动的2/3。航空排放尤其是航空高空排放会随着航空运输路线的国际延展及气流的运动产生全球性影响。因此，航空排放是一个全球性问题。根据航空运输路线的不同，可以将航空排放分为国内航空排放和国际航空排放。这一分类对于航空排放国际法治体系的构建具有重要意义。对于国内航空排放而言，由于排放污染足迹完全处于一国范围之内，不存在排放归属何国及由何国行使排放管辖权的难题，因此，国内航空排放问题可以纳入既有的《气变公约》《京都议定书》或由相关国家通过国内立法措施自行解决。但对于国际航空排放，则面临排放足迹分处不同国家领空及公海上空，单方面国内法律措施难以奏效的问题。因为无论哪一国家或区域行使立法管辖权对国际航空排放进行法律规制，均面临其立法管辖权的正当性、合法性挑战。前述欧盟航空排放交易制度面临的僵局即是此方面最好的例证。毕竟世界是由各主权国家构成,这一基本国际格局并未发生改变。民族国家,即威斯特伐利亚体制,尽管面临政治威胁,仍将是一个基本的治理体制。① 因此,从立法现实性角度考虑,航空排放特别是国际航空排放需要国际社会通力合作建立国际法律机制加以解决。

(三)航空排放具有高增长性

交通运输行业是世界上突出的环境污染行业,作为不可再生能源(化石燃料)的主要消费部门,汽车业以往一直作为单一的最糟糕的罪魁祸首,广受社会诟病。然而,许多预测表明,由于汽车排放控制及工业化进程的进一步发展将导致全球汽车排放量随着时间的推移而减少,这种现象在发达国家已经出现。② 与此相反,随着人们对航空排放认识的增加及航空运输业的快速增长,国际社会越来越重视对航空排放采取法律措施加以控制。航空运输业一直保持着高增长率,1989~2009 年全球航空年平均增长率为 4.4%。③ 国际航协预测显示,2014 年,国际航空旅客运输量将新增 8 亿人次,从 2009 年的 25 亿人次增至 33 亿人次;与此同时,国际航空货运量将新增 1250 万吨,从 2009 年的 2600 万吨增至3800万吨。④ 与全球航空运输高增长相伴,航空排放量亦可能以相应速度递增,即使通过技术革新改进航空燃油效率也仅能部分抵消航空有害气体排放。随着航空出行需求的增长,以及能源等其他行业纷纷采取减碳措施,航空业碳排放量占人类所导致的全球温室气体排放量的比例将会有所增长,据估计,到 2020 年航空业排

① 参见[新西兰]迈克·穆尔:《没有壁垒的世界——自由、发展、自由贸易和全球治理》,巫尤译,商务印书馆 2007 年版,第 21 页。

② See Paul Stephen Dempsey, "Trade & Transport Policy in Inclement Skies-The Conflict Between Sustainable Air Transportation and Neo-Classical Economics", *J. Air L. & Com.* 65, 2000, p. 642.

③ See ICAO, "Environmental Report 2010", Accessed March 12, 2012. http://www.icao.int/environmental-protection/Pages/EnvReport10.aspx.

④ 参见国际航空运输协会:《航空旅客运输量 2014 年预计新增 8 亿》,载环球旅讯网:http://www.traveldaily.cn/article/48305.html,最后访问日期:2012 年 6 月 21 日。

放量将达到 8 亿吨，到 2050 年航空业排放量将占全球排放总量的 10%。[①]

航空排放具有的可移动性、跨国性、高增长性的独特属性使国际社会意识到对该问题采取国内法律措施、区域法律措施是难以奏效的，现有的一般性国际制度对其管控也是极为有限的。从法治的实际效果出发，针对航空排放，国际社会需要建立一套顾及其特殊性的、单独但又与其他制度相互兼容的、全球统一的制度体系。

三、航空排放国际法治共识的思想资源

全球治理理论为航空排放国际法治提供了重要的思想资源。全球治理理论形成于 20 世纪 90 年代初期，由美国学者詹姆斯·罗西瑙最初提出。[②] 各国学者围绕这一理论概念产生诸多不同认识，由此形成一些理论争论。到目前为止，可以说全球治理理论并没有形成一个严谨、统一的理论体系，而是由各国学者们围绕这一课题研究形成的一个相对独立的理论研究领域。[③] 日本学者星野昭吉将全球治理的代表性学说概括为国家中心维持现状派、新自由制度改良派、全球市民社会变革现状派三种。[④] 我国有学者将全球治理模式归纳为世界政府模式、国家中心治理模式、有限领域治理模式、世界网络政府模式、网络治理模式、没有政府的治理模式、世界主义民主模式、国际机制（国际制度）治理模式等 8 种。[⑤] 在纷繁的理论争论中，依然有学者归纳出全球治理的一些核心要素。笔者较为认同中国社会科学院陈承新的观点。陈承新认为，全球治理的主要内容包括：全球治理是依托于全球共同价值观的意向性秩序；全球治理是对国内治理的扩展；国际规制是全球治理的重要依据；全球治理是一个观察全球生活的视角。[⑥] 同时，他

---

① 参见李静云：《欧盟强征碳税，虽遭抵制仍不放弃》，载中国新闻网：http://www.chinanews.com/cj/2011/12-13/3527006.shtml.，最后访问日期：2014 年 5 月 13 日。

② 参见[日]星野昭吉：《全球治理的结构与向度》，刘小林译，载《南开学报》（哲学社会科学版）2011 年第 3 期。

③ 同上。

④ 同上。

⑤ 参见刘衡：《国际法之治：从国际法治到全球治理》，武汉大学法学院 2011 年博士学位论文，第 2~5 页。

⑥ 参见陈承新：《国内“全球治理”研究述评》，载《政治学研究》2009 年第 1 期。

提出："时至今日，全球治理还仅是一种理想状态，部分的地区共治和部分全球公共问题的协商解决与全球治理所期望达到的以全球共同价值观为基础的秩序相比，远不能及。"①

全球治理与航空排放之所以能够产生联系，其根源在于航空业是高度全球化的行业，航空排放的治理需要全球性综合治理。航空业的高度全球化具体体现在：一是民机制造的全球化、集中化。全球民用航空产业已逐渐形成以极少数特大型企业（如波音、空客等）为核心，主系统承包商与分系统承包商和部件供应商关系更为紧凑的航空产业体系。二是航空运输的网络化、全球化。随着经济全球化的深入，天空开放和全球性的航空公司联盟在国际民航界渐成趋势。全球航空公司联盟自 1997 年产生以来，经过 10 多年的发展，已经在全球航空运输市场中占据了重要地位。2008 年三大联盟（星空、天合和寰宇一家）提供的客运运力和旅客周转量均占全球航空公司总量的 80% 左右，旅客运输量的份额也接近 80% 。② 三是空中交通管理的全球化、一体化。航空运输的全球化，使一个航班可能跨越多个国家，需要若干个空管中心参与管制移交和协调。国际航协提出对航空业务和空域进行一体化管理的要求，促进空中航行的安全、有序和效率。③日趋成熟的通信、导航和监视技术为空中交通管理的一体化提供了先决条件。④四是航空消费的成熟化、全球化。五是航空组织的专业化、全球化。国际民航组织、国际航协⑤等均为全球性行业国际组织。

高度全球化的航空业在应对航空排放问题时，反映出全球治理的需求和特

① 参见陈承新：《国内"全球治理"研究述评》，载《政治学研究》2009 年第 1 期。

② 参见郑兴无：《航空公司联盟：全球扩张改变其行业竞争格局》，载《中国民航报》2010 年 4 月 19 日，第 3 版。

③ 参见朱道娴：《跟上全球空中交通管理发展步伐》，载《综合运输》2004 年第 3 期。

④ 参见张静：《未雨绸缪，迎接未来全球空中交通管理一体化的挑战》，载《空中交通管理》2004 年第 3 期。

⑤ 国际航协是一个国际性非营利的民间航空公司行业协会，于 1945 年由 30 多家航空公司在古巴哈瓦那创立，在加拿大通过国会特别法案组成法人组织，总部设在加拿大魁北克省会蒙特利尔市，执行总部在瑞士日内瓦。IATA 现有会员航空公司 282 家，遍布 130 个国家和地区。在全世界定期国际航空运输业务中，IATA 会员航空公司承担了 98% 的业务量。

点。作为航空组织全球化载体的国际航空运输协会2009年提出三大连续目标，以推动航空减排进程：(1)到2020年，燃油效率年均增长率保持在1.5%；(2)从2020年起，通过碳中和增长，稳定碳排放量；(3)到2050年，碳的净排放量比2005年减少50%。[①] 国际民航组织更是在航空减排方面做了大量工作：以大会决议、理事会指导材料等形式制定了一系列的指导航空减排政策和措施的软法规范；以《〈芝加哥公约〉附件16：环境保护》的形式制定了航空器发动机一氧化碳等污染物排放的最低限额并不断修订和提高；2010年，第37届国际民航组织大会上通过了第一份直至2050年的全球性框架决议以提高航空燃油效率、降低碳排放。该协议确立了把航空业作为一个整体进行全球共同治理，以及不违背现行气候合作制度和航空运输协议等原则。[②] 在航空减排的方法方面，国际航协提出航空减排的四大支柱战略：技术、运营、基础设施和积极的经济措施；国际民航组织更是多管齐下，技术标准的设定、运营方法的指导、机场的规划、市场措施的指引、新型航空燃料的开发等均在国际民航组织规管框架之内。

全球治理比国家治理、区域治理更为宽广、多元和包容，尽管严格意义上的综合性、普遍性全球治理还仅是一个理想状态，但这并不影响在部分全球公共问题上通过民主协商达致全球治理。航空排放就是这样一个具体的全球性问题。

---

① 参见王文嫣：《国际航协呼吁谈判解决欧盟碳税问题》，载《上海证券报》2012年1月18日，第4版。

② 参见史玉：《国际航空排放全球共同治理机制构建》，载《国际论坛》2012年第3期。

第四章　航空排放国际法治:立法主体

国际法治与国内法治、区域法治在立法主体上存在根本区别。国内法治、区域法治拥有单一的、权威的、至高的立法者对其规则制定、颁行,并由国家或区域机构强制保障其实施,而国际法治不同,国际法治所依赖的国际社会由各主权国家组成,是平权社会,没有真正意义上超越国家的国际立法机构,国际规则的形成以国家之间的相互约定为主要创设方式。因此,航空排放国际法治的基本立法主体仍然是各主权国家。但是,在此过程中,国际组织通过提供平台、创造对话空间、倡导立法与政策导向,组织与推进国际社会立法等一系列方式为国际社会法治化提供了促进剂。[①] 特别是,在国际航空领域,行业性专门化国际组织对规则的形成能够起到举足轻重的作用,是航空排放国际法治的重要力量。

第一节　国际组织

当代国际组织在种类及活动范围上大大超过历史上的国际组织,同时,一些国际组织具有的立法、司法、执法功能打开了国际法真正法律化的大门,使原来国际法仅属于国际实在道德的情况日渐得以改变。

---

① 参见何志鹏:《国际法治:一个概念的界定》,载《政法论坛》2009 年第 4 期。

一、国际民用航空组织

在航空排放国际法治的普遍诉求中，国际民用航空组织得到了国际航协、[1]美国、[2]欧盟[3]等各方较为广泛的认可，被寄予了更多的期望，成为全球倚重的对象，在航空排放国际法治中发挥领导作用。

（一）国际民用航空组织简介

国际民用航空组织根据1944年在美国芝加哥签订的《芝加哥公约》设立，该公约明确指出，国际民用航空组织的宗旨和目的就是促进国际民用航空在各方面的发展，[4]同时也肯定了其在缔约国领土内为履行职责所享有的法律上的能力。[5]随后的《京都议定书》也肯定了ICAO在温室气体减排问题上的法律主导地位。国际民用航空组织是联合国专门机构，现有会员国192个，被认为是联合国规模最大和最成功的专门机构之一。这个国际组织从1947年5月正式成立以来的40年中，进行了大量卓有成效的工作，对推动国际民用航空事业和国际航空法的发

① 国际航协理事长兼首席执行官汤彦麟（Tony Tyler）呼吁各国停止对欧盟碳排放交易体系的争执，应该将重心转到通过国际民用航空组织来找到一个为世界各国所认同的解决方案。他表示，最好的方法还是通过ICAO来制定相关标准，解决航空碳排放问题。June编译：《国际航协：解决欧盟碳排放问题ICAO应挑大梁》，载民航资源网：http://news.carnoc.com/list/205/205089.html，最后访问日期：2018年1月10日。

② 美国政府在对欧洲最高法院支持欧盟对进出欧洲机场航班征收碳排放税的裁决表示失望的同时，希望能够通过国际民航组织解决这一问题。美国国务院新闻发言人维多利亚·努兰（Victoria Nuland）向记者表示："我们对法院的裁决感到失望。我们的态度是一贯的，国际民航组织在国际航空领域拥有解决温室气体排放问题的机制，这才是解决问题的合适场所。"铁军：《美对欧洲碳排裁决失望，望通过ICAO解决问题》，载中国航空新闻网：http://www.cannews.com.cn/2011/1222/168232.html，最后访问日期：2015年1月22日。

③ 欧盟委员会也表示正在"竭尽全力"寻求一个全球化的航空碳排放协议，尽力平息欧盟碳排放交易体系（ETS）引起的一系列风波。欧盟委员会发言人汉森（Pia Ahrenkil de Hansen）表示："欧盟将竭力以帮助达成多方一致的全球碳排放协议，但该协议要满足我们提出的条件。现在，我们的目标非常明确，我们的态度十分坚定，就是要努力达成一个全球一致的管理航空碳排放的协议。"欧盟委员会希望ICAO启动一个替代体系。欧盟委员会表示，如果ICAO或者其他某个国家可以证明已经找到了一个可行的替代方案，欧盟则会停止将所有的航班纳入其碳排放交易体系。刘冰洋编译：《欧盟委员会全力支持推出全球碳排放解决方案》，载民航资源网：http://news.carnoc.com/list/228/228227.html.，最后访问日期：2018年10月13日。

④ 《芝加哥公约》第44条。

⑤ 《芝加哥公约》第47条。

展,起了积极作用,成为联合国各专门机构中的佼佼者,受到国际社会的好评。①国际民航组织的宗旨和目的在于发展国际航行的原则和技术,并促进国际航空运输的规划和发展,以保证全世界国际民用航空安全地和有序地发展;满足世界人民对安全、正常、有效和经济的航空运输的需要;防止因不合理的竞争而造成经济上的浪费;保证缔约各国的权利充分受到尊重,每一缔约国均有经营国际空运企业的公平机会;避免缔约各国之间的差别待遇;普遍促进国际民用航空在各方面的发展。

国际民航组织的机构包括大会、理事会及其他附属机构。大会是国际民航组织的最高权力机构,每一会员国在大会有一票表决权。大会每 3 年至少开会一次。大会的权利和职责包括:选举参加理事会的缔约国;审查理事会各项报告;设置其认为必要的或适宜的各种附属委员会;赋予理事会为行使本组织职责所必需的或适宜的权力和职权;决定与其他国际行动者的协议;审议有关变更或修正公约条款的提案;处理在本组织职权范围内未经明确指定归理事会处理的任何事项。大会投票,以简单多数通过。

理事会是国际民航组织的常设和执行机构,由大会选出的 36 个理事国组成。理事会成员受到控制,有足够的代表性:一是在航空运输方面占主要地位的各国;二是未包括在其他项下的对提供国际民用航空航行设施做出最大贡献的各国;三是未包括在其他项下的其当选可保证世界各主要地理区域在理事会中均有代表的各国。《芝加哥公约》赋予理事会很大职权,这些职权是许多国际组织的执行机构没有的。该公约第 54 条规定了理事会“必须履行”的强制性职能 14 项,第 55 条规定了“可以行使”的任意性职能 5 项。理事会的强制性职能主要包括:向大会提交年度报告;执行大会的指示和履行公约为其规定的职责和义务;设立空中航行委员会;任命秘书长和航空运输委员会;出版关于空中航行发展和国际航班经营的资料;向缔约各国报告关于违反本公约及不执行理事会建议或决定的任何情况;

① 参见赵维田:《国际航空法》,社会科学文献出版社 2000 年版,第 82 页。

通过和修改国际标准和建议措施并作为附件将其纳入公约。理事会的任意性职能包括设立附属的航空运输委员会;研究有关国际航空运输的组织和经营的任何问题;调查对国际空中航行的发展可能出现本可避免的障碍的任何情况并发布报告。

根据《芝加哥公约》,在理事会下还设立有各种专门委员会作为理事会的助手和参谋机构,包括空中航行委员会、航空运输委员会、法律委员会、空中航行服务联合保障委员会、非法干扰委员会和财务委员会等。1983 年国际民航组织设立航空环境保护委员会负责有关民用航空环境(主要包括航空噪声和航空排放)问题。

(二)国际民用航空组织对航空排放的法律调整

1. 1944 年《芝加哥公约》对航空排放问题没有直接规定

1944 年《芝加哥公约》,确认了国家航空主权、明确了飞行权利、设立了国际民用航空组织、规定了航空争端解决程序,构架了国际民用航空基本法律框架,被称为国际民用航空基本法。但令人遗憾的是,在《芝加哥公约》22 章共计 96 个条款中,没有任何章节或条款规定了航空排放问题,在通篇的公约文本中,"排放""噪声""环境"等词语均没有出现过。可以看出,航空环境问题在《芝加哥公约》签署当时几乎未做任何考虑。

尽管《芝加哥公约》对于航空排放问题没有任何直接规定,但是,公约仍然为国际航空排放规则的形成奠定了基础。具体体现在:首先,公约构架的国际民用航空领域的基本原则和制度在后来国际航空排放规则的形成中得到普遍遵循,构成国际航空排放规则的基础,例如,航空主权原则、航空可持续发展原则、航空运输机会均等原则以及航空运输资料报告制度等;其次,《芝加哥公约》特有的附件机制为国际民用航空组织将航空排放等航空环境问题嵌入公约体系用以约束缔约各国提供了制度性保障,从而使《芝加哥公约》体系能够包含具体的航空环境(包括航空排放)问题;最后,国际社会有关航空排放方面形成的决议、宣言、建议和声明等主要依靠国际民航组织推动,而国际民航组织是根据《芝加哥公约》成立的,其组织结构、法律能力、权利来源等均源于《芝加哥公约》,其后《芝加哥公约》虽然于 1959 年、1963 年、1969 年、1975 年、1980 年、1997 年、2000 年和 2006 年多次进行修订，并分别针对第 45 条、第 48 条、第 49 条、第 50 条、第 51 条、第 56 条及第 61 条、第 90 条等进行修改，但始终对国际民航组织的法律能力及其完全的法人资格充分认可和肯定。

2. 利用《芝加哥公约》附件机制将航空排放问题引入公约体系

《芝加哥公约》第 54 条第 12 款赋予了国际民航组织理事会有权随时制定并修订公约的附件，并规定这些附件构成公约第六章的"国际标准和建议措施"，缔约各国仅可根据公约第 38 条"背离国际标准和程序"中规定的通知程序，方可实行不同于国际标准的措施。① 这就是《芝加哥公约》的附件机制。② 该机制为后来

① 《芝加哥公约》第 37 条、第 38 条和第 54 条。第 37 条规定："国际标准及程序的采用 缔约各国承允在关于航空器、人员、航路及各种辅助服务的规章、标准、程序及工作组织方面进行合作，凡采用统一办法而能便利、改进空中航行的事项，尽力求得可行的最高程度的一致。为此，国际民用航空组织应根据需要就以下项目随时制定并修改国际标准及建议措施和程序：一、通信系统和助航设备，包括地面标志；二、机场和降落地区的特征；三、空中规则和空中交通管制办法；四、飞行和机务人员证件的颁发；五、航空器的适航性；六、航空器的登记和识别；七、气象资料的收集和交换；八、航行记录簿；九、航空地图及图表；十、海关和移民手续；十一、航空器遇险和事故调查；以及随时认为适当的有关空中航行安全、正常性及效率的其他事项。"第 38 条规定："背离国际标准和程序 任何国家如认为对任何上述国际标准和程序，不能在一切方面遵行，或在任何国际标准和程序修改后，不能使其本国的规章和措施完全符合此项国际标准和程序，或该国认为有必要采用在某方面不同于国际标准所规定的规章和措施时，应立即将其本国的措施和国际标准所规定的措施之间的差别，通知国际民用航空组织。任何国家如在国际标准修改以后，对其本国规章或措施不作相应修改，应于国际标准修正案通过后 60 天内通知理事会，或表明它拟采取的行动，在上述情况下，理事会应立即将国际标准和该国措施间在一项或几项上存在的差别通知所有其他各国。"第 54 条规定："理事会必须履行的职能 理事会应：一、向大会提出年度报告；二、执行大会的指示和履行本公约为其规定的职责和义务；三、决定其组织和议事规则；四、在理事会各成员国代表中选择任命一对理事会负责的航空运输委员会，并规定其职责；五、按照第十章的规定设立一航行委员会；六、按照第十二章和第十五章的规定管理本组织的财务；七、决定理事会主席的酬金；八、按照第十一章的规定，任命一主要行政官员，称为秘书长，并规定对其他必要工作人员的任用办法；九、征求、搜集、审查并出版关于空中航行的发展和国际航班经营的资料，包括经营的成本，及以公共资金给予空运企业补贴等详细情形的资料；十、向缔约各国报告关于违反本公约及不执行理事会建议或决定的任何情况；十一、向大会报告关于一缔约国违反本公约而经通知后在一合理的期限内仍未采取适当行动的任何情况；十二、按照本公约第六章的规定，通过国际标准及建议措施；并为便利起见，将这些标准和措施称为本公约的附件，并将已采取的行动通知所有缔约国；十三、审议任何缔约国向理事会提出的关于本公约的任何事项。"王小卫、吴万敏：《民用航空法概论》，航空工业出版社 2012 年版，第 111 ~ 112 页、第 114 ~ 115 页。

② 尽管《芝加哥公约》附件的规定不具有与公约实质性条款相同的法律效力，但大多数缔约国会予以遵守，这并不是因为"国际标准和建议措施"自身的约束力，而是他们担心被国际航空共同体排斥。

国际民航组织将环境问题引入用以约束缔约各国提供了可能。我国已故著名国际航空法专家赵维田先生曾评价道:“用《附件》制定法律规则以弥补公约的缺陷和不足,是国际民航组织掌握的一项十分灵活、有效又倍受国际社会称赞的职权。”①彼得·沙(Peter H. Sand)认为:“这种灵活的默示同意程序,能够协调发达国家和发展中国家的不同要求,不强求取得完全一致的同意,只要多数票即可,这使对技术标准的制定和调整相对容易些。”②国际民用航空组织充分利用公约附件机制,并不断扩展和更新附件内容,使国际民用航空规则在基本法律框架保持不变的同时,又不断顺应、反映和引导着国际民用航空领域的新发展、新问题。③

20 世纪 60 年代末,国际民航组织开始关注航空环境保护问题。④ 1968 年国际民航组织大会通过决议,指示国际民航组织理事会制定国际规范和相关指导材料以控制航空器噪声。1971 年国际民航组织通过了处理与航空器噪声有关各项问题的《附件 16》。几乎在对航空器噪声制定国际准则的同时,国际民航组织也开始对航空器发动机排放采取具体行动。1971 年国际民航组织大会通过决议,着手为控制某些型号航空器发动机的排放制定国际标准。1977 年航空器发动机排放委员会成立。⑤ 1981 年该委员会制定了航空器发动机排放的环保标准,这些标准后来不断修订。

《附件 16》的范围得到扩大并改编为 4 卷:第Ⅰ卷是与航空器噪声有关的规定,第Ⅱ卷是与航空器发动机排放有关的规定,第Ⅲ卷是与飞机二氧化碳排放有关的规定,第Ⅳ卷是与国际航空碳抵消与减排计划有关的规定。在《附件 16》第Ⅱ卷“航空器发动机排放”中,禁止 1982 年 2 月 18 日之后制造的所有涡轮发动机

---

① 赵维田:《国际航空法》,社会科学文献出版社 2000 年版,第 86 页。

② Peter H. Sand, “Lessons Learned in Global Environmental Governance”, *B. C. Envtl. Aff. L. Rev.* 18, 1991, p. 245.

③ 截至目前,国际民用航空组织已发布公约附件 18 个,其中,公约《附件 16》是“环境保护”。

④ See ICAO, “Environmental Report 2010”, Accessed March 12, 2012. http://www.icao.int/environmental-protection/Pages/EnvReport10.aspx.

⑤ 1983 年,航空器噪声委员会与航空器发动机排放委员会合并成立航空环境保护委员会,作为国际民用航空组织理事会的一个技术委员会。

航空器有意向大气中排放原油；规定了 1983 年 1 月 1 日之后制造的意图作亚音速推进用的涡轮喷气和涡扇发动机的烟的排放限额；对于意图作超音速推进用的发动机，1982 年 2 月 18 日之后制造的发动机适用类似限额；规定 1986 年 1 月 1 日之后制造意图作亚音速推进用的大型涡轮喷气和涡扇发动机的一氧化碳、未燃烧的碳氢化合物和氮氧化物的排放限额。这些标准以航空器的起飞和着陆循环为依据，[①]《附件 16》第Ⅳ卷"国际航空碳抵消与减排计划"中，规定了全球统一国际航空碳减排机制的具体规划与安排，对于推动全球航空减排进程发挥了巨大的作用。

通过《芝加哥公约》附件机制，将航空排放问题嵌入公约体系用以约束缔约各国，这对于航空环境的保护起到了至关重要的作用。但是，按照《芝加哥公约》第 90 条的规定，公约附件需经理事会会议 2/3 以上多数票方能通过，加之，附件会对缔约各国产生一定的法律约束力，各国态度均较为谨慎，因此，附件的制定与修改并不容易。目前，《〈芝加哥公约〉附件 16：环境保护》虽然针对飞机二氧化碳的排放及国际航空的碳抵消与减排计划专门进行了规定，但仍主要集中在技术的涉及、方案的规划上，而对于国家责任的承担范围与承担方式、在实施过程中可能产生的法律问题等并未进行规定。

3. 以决议、宣言、建议、声明等构筑广泛的航空排放国际"软法"

"软法"，是指在严格意义上不具有法律拘束力但又具有一定法律效果的国际文件。国际组织和国际会议的决议、宣言、建议等绝大多数都属于这一范畴。"软法"对各国不具有法律拘束力，通过的程序较为简易，可以在各国就有拘束力的法律规范达成共识之前，迅速反映国际社会或有关国家对某一领域或问题的关注和愿望，能够对有关国家产生"软约束"效力，发挥指引和导向性作用。一些重要国际组织或国际会议通过的决议、宣言、建议等，可能会促成国际公约的签订或

① 参见国际民用航空组织：《国际民用航空公约：附件 1 至 18》，载道客巴巴网：http://www.doc88.com/p-083650733443.html.，最后访问日期：2014 年 6 月 18 日。

国际习惯的形成。①

"软法"在国际航空环境保护中得到广泛应用。自20世纪60年代末以来,国际民航组织以大会决议、理事会指导材料、高级别环境会议宣言和建议等形式,构筑了庞大的航空排放国际"软法"体系。包括但不限于《机场规划手册》第2部分"土地使用和环境控制"(Doc.9184号文件)、《国际民航组织运行措施指南》(Cir.303号通告)、《关于机场和空中航行服务收费的政策》(Doc.9082号文件)、《国际航空运输领域收税政策》(Doc.8632号文件)、《与当地空气质量有关的航空排放收费指南》(Doc.9884号文件)、《航空排放权交易使用指南(草案)》(Doc.9885号文件)、《自愿减排措施指导原则和范本》、《国际民航组织高级别环境会议的宣言和建议》、《国际民航组织航空替代燃料会议的宣言和建议》、《环境技术手册Ⅳ卷—证明符合国际航空碳抵消和减排计划的程序》(Doc.9501号文件)、《关于制定国家二氧化碳减排活动行动计划的指导》(Doc.9988)等规范性文件。这些"软法"规范涵盖航空减排方面可采用的技术措施、运行措施和市场措施(市场措施中又包含排放权交易、收费措施和自愿措施等),以及航空环境保护方面可持续燃料的开发与部署等较为广泛的领域。

在国际航空环境"软法"规范体系中,国际民航组织的大会决议起到了基础性地位和作用。1971年国际民航组织大会通过决议,承认可能与航空活动有关的有害环境影响,并要求国际民航组织负责指导国际民用航空的发展,发展的方式应造福世界人民,并实现民用航空的安全和有序发展与人类环境质量之间最大的兼容性。② 这一决议阐述的航空与环境之关系及处理航空与环境冲突时的基本立场,被后来一系列同一内容的决议、宣言和建议等不断重复、反复援引,成为国际航空环境习惯法规则存在的有力证明。此后,在每届国际民航组织大会决议中,航空排放均成为必不可少的内容。

---

① 参见王铁崖主编:《国际法》,法律出版社1995年版,第456页。

② 参见国际民用航空组织:《国际民用航空公约:附件1至18》,载道客巴巴:http://www.doc88.com/p-083650733443.html.,最后访问日期:2014年6月18日。

1995 年国际民航组织第 31 届大会 A31 - 11 号决议决定,在今后每届常会上连续通过一份《国际民航组织关于环境保护持续政策和做法的综合声明》。该声明经多次修订和更新,概括地反映了国际社会在航空环境保护领域的普遍认识和一般做法。目前,该综合声明的最新版本为国际民航组织于 2016 年 9 月 27 日 ~ 10 月 6 日第 39 届大会上通过的 A39 - 1 号决议和 A39 - 2 号决议和 A39 - 3 号决议。[①] 这三个决议是国际民航组织在环境保护方面相关进展的最新反映。

(三)国际民用航空组织关于航空减排的发展进程

1. ICAO 第 33 届大会

国际民航组织 2001 年第 33 届大会首次对国际民用航空与环境保护作出了综合性的声明(A33 - 7)。[②] 在决议中提出将通过技术的提升、适当的运营机制、空中交通管理和土地、机场的规划等综合措施来缓解航空运输对环境造成的不利影响。在该项决议中对国际航空的环保问题给予了足够的重视,在 A33 - 7 决议中通过 A 到 I 共 9 个附件,从标准和程序的制定、噪音的控制、土地的规划和发动机减排等几个方面进行了综合规定。

该决议进一步指出对于航空器排放进行收税与收费的区分,大会强烈建议应通过收费的形式代替收税,并将所收取的费用首先应用于航空运输的减排方面。此外,大会敦促理事会制定行动指南与方针,鼓励各缔约国在国内与国际层面积极采取措施。从 ICAO 第 33 届大会起,理事会就被要求在每届常会上提交一份国际民航组织关于环境保护政策和措施的综合说明以供审查,至此国际航空环保问题就成为历届常会的普遍性议题。

2. ICAO 第 35 届大会

因美国发生"9·11"恐怖袭击,国际民航组织临时决定召开第 34 届大会。[③]

---

① 其中,A39 - 1 号决议是有关于"一般规定、噪声和当地空气质量"的问题,A39 - 2 号决议是有关于"气候变化"的问题,A39 - 3 号决议是有关于"全球基于市场措施(MBM)计划"的问题。

② ICAO, Doc. 9790, Assembly Resolution, A33 - 7.

③ 参见杨万柳:《国际航空排放全球治理的多维进路》,吉林大学法学院 2014 年博士学位论文,第 46 页。

主要议程也仅限于选取另外3个缔约国为理事国与大会A33－10和A33－27有关的航空安保活动及国际航空安全的财务筹资。① 并未涉及国际航空减排领域。故本文将介绍2004年举行的ICAO第35届大会，以及大会有效决议（Doc 9848）中通过的《国际民航组织关于环境保护的持续政策和做法的综合声明》（A35－5），该声明包含了限制或减少航空器噪声、航空器排放对当地空气质量以及航空温室气体对全球气候的影响三个方面。本次大会首先明确了各成员国在国际航空减排过程中所发挥的重要作用及与国际民航组织之间的关系，大会强调：民航组织在与环境有关的一切民航实务工作中发挥着领导作用，但同时也请求各缔约国给予支持并提供必要的科学资料以使民航组织的工作能够有据可循。国际民航组织在明确其所发挥的协调、指导作用的同时也注意到各缔约国本国已经存在的相关政策和法规，故大会在鼓励各缔约国以成本效益为基础一视同仁地对待国内与国际航班、自愿采取限制或减少航空排放措施的同时也应尽量避免对各国民航产业的发展产生不利影响。

而在排放权交易方面，为了敦促各缔约国采取与国际民航组织保持高度一致的排放权交易政策和措施，进一步构筑统一的国际民航排放权交易制度。大会要求理事会在接下来的工作中主要采取以下两种做法：一种是国际民航组织将支持缔约国与其他国际组织的自由交易制度；另一种则是国际民航组织提供指导原则，各缔约国根据本国的实际发展状况在符合《气变公约》的要求下具体适用。但无论采取何种方式理事会都应确保交易制度的基本原则和法律基础，如监督、报告等关键性问题。② 由此，ICAO开始真正致力于解决国际航空排放问题。③

3. ICAO第36届大会

2007年9月国际民用航空组织召开了第36届大会，通过了A36－22号决议：

---

① See ICAO, "34th Session (Extraordinary) of the Assembly Montreal", Accessed January 18, 2019. https://www.icao.int/Meetings/AMC/Pages/Archived-Assembly.aspx? Assembly = a34.

② 国际民航组织A35－5。

③ 参见杨万柳：《国际航空排放全球治理的多维进路》，吉林大学法学院2014年博士学位论文，第47页。

《国际民航组织关于环境保护的持续政策和做法的综合声明》,该声明由 A 至 L 共 12 个附录构成,其中附录 A、I、J、K、L 与航空排放有关。[①] ICAO 第 36 届大会中关于航空减排问题的规定相较于前几届会议更加全面,除了环境质量标准和程序的制定、航空对当地空气质量的影响外,在对全球气候的影响方面还增加了科学理解、与联合国等其他机构的合作、ICAO 对国际航空和气候变化的行动方案及排放权交易等几个方面。在本次决议中 ICAO 以《气变公约》防止危险的人为活动干预气候体系的最终目标、《芝加哥公约》的不歧视和平等、公平的发展机会原则、共同但有区别的责任和各自能力的原则为基础,确保在国际民航领域继续发挥领导作用的同时,加强与《气变公约》缔约方大会和科学技术咨询附属机构的联系,尽快制定出能够充分考虑到对发展中国家的航空及其成长影响的具体方案。

在航空减排的问题上,大会首先肯定了减排工作所取得的重大进展,以及国际航空公司在 2020 年前再将燃油效率提高 25% 的承诺,并进一步强调了尽可能地减少航空器减排工作对经济发展的不利影响。[②] 为了促进上述目标的实现,在 A36 - 22 号决议中,ICAO 提出在保持航空环境保护委员会所发挥的评价、预测和指导作用的基础上,组建一个新的航空和气候变化组——国际民用航空与气候变化小组(Group on International Aviation and Climate Change,GIACC),由发达国家和发展中国家平等地参与,旨在形成一个以所有缔约国自愿为基础的国际航空与气候变化的行动方案,以此来指导理事会接下来措施的制定。除了机构的建立与基本原则的把握,为了达到国际民航组织对于限制或减少航空器排放的目标,大会要求理事会从制定航空器燃油中长期目标、空中交通管理及效率、新程序的开发及航空器与航线的设计等多个具体的方面入手,以推动缔约国之间的合作、促进成果的监测与报告。此外,在航空排放权交易领域,大会再次建议通过以升级

---

① 国际民航组织 A36 - 22。

② See Miranda M. Jensen, "Ready for Takeoff: Embarking on a Journey to Regulate Aircraft Greenhouse Gas Emissions at Home and Abroad", *Vt. L. Rev.* 42, 2018, p. 4.

航空器为目的的收费形式来进行款项的征收，各缔约国也应尽可能地避免单方面的费用收取行为。① 可见，相较于前几届会议，ICAO 在其第 36 届大会中关于航空减排问题逐步朝着精细化和统一化的方向发展，且其对于国际民用航空减排工作的发展规划也越来越清晰明确，涵盖的范围也越来越细致具体。

另外，ICAO 还于 2007 年首次发布了环境报告，在该报告中主要介绍了 2007 年 2 月举行的国际民航组织航空环境保护委员会第七次会议和 2007 年 5 月举行的国际民航组织航空排放讨论会，此外还特别强调了 IPCC 的报告及《气变公约》等与航空有关的联合国论坛的相关内容。② 在本次环境报告中 ICAO 将国际航空的排放问题分为几个板块进行了详细的介绍，并从技术、燃料燃烧效率的提升、制定运营措施改善航空交通管理及以市场为基础的措施这四个方面入手，主张以此推行综合性的减排规则。其中，在以市场为基础的航空减排措施中，环境报告主要考虑了排放交易、自愿措施和与排放相关的收费三个方面，而在碳排放交易计划中又进一步提出了“设定总体限制、允许配额买卖”的具体实施措施，并发布了相关指导文件（Doc 9885）；在自愿措施方面国际民航组织航空环境保护委员会又配套编写了“航空自愿排放交易报告”。

ICAO 于 2007 年发布的环境报告实际上是对国际航空环境问题的汇总与梳理，在总结航空环保与碳减排规则的同时，还创新性地汇集了众多专家学者对国际航空排放问题的研究成果与理论文章，这无疑使 ICAO 关于航空排放体系的介绍更加充实丰满。例如，在其中的一篇文章中，就介绍了自愿交易体系在灵活性、竞争力与实践性等几个方面的优势，并结合航空环境保护委员会的报道描述了日本和英国的排放交易计划、芝加哥气候交易所（Chicago Climate Exchange）、蒙特利尔气候交易所（Montreal Climate Exchange）、欧洲气候交易所（European Climate Exchange）、亚洲碳交易所（Asia Carbon Exchange）及航空公司的碳抵消

① See Jon M. Truby, "Reforming the Air Passenger Duty as an Environmental Tax", *Environmental Law Review(UK)* 12, 2010, p. 11.

② See ICAO, Environmental Report 2007.

计划。[1]

4. ICAO 第 37 届大会

2010 年 10 月召开的 ICAO 第 37 届大会通过了 A37 – 18：《国际民航组织关于环境保护的持续政策和做法的综合声明——一般规定、噪声和当地空气质量》；A37 – 19：《国际民航组织关于环境保护的持续政策和做法的综合声明——气候变化》两项决议。在 A37 – 18 号决议中仍采用附录的形式具体分为总则、标准建议措施与指导材料的制定、噪声管理、土地使用规划及航空器对当地空气质量的影响等几个方面。大会强调要求理事会进一步加强与国际组织、缔约国之间的联系与合作，并对 2010 年 5 月理事会批准的关于二氧化碳排放标准的计划表示欢迎。

在本次大会中，将国际航空排放对气候变化影响的问题单独列为一个议题进行讨论研究，就足以表明国际民用航空组织已经认识到限制或减少国际航空排放对全球气候变化所产生不利影响的重要性。大会仍然以《气变公约》的最终目标、《京都议定书》的发展原则及各种灵活工具（如清洁发展机制）、政府间气候变化专门委员会评估小组的特别报告为理论基础，并在此基础上提出新的发展规划与政策指导。在 A37 – 19 号决议中，首先肯定了国际航空运输业的集体承诺：2009 年至 2020 年以每年平均 1.5% 的比率持续提升二氧化碳效率，从 2020 年起实现碳平衡增长，并在 2050 年前将碳排放与 2005 年的水平相比减少 50%。[2] 大会决定在 2020 年以前，实现全球年平均燃油效率提高 2%，2021 年至 2050 年全球年平均燃油效率提升 2% 的目标。坚持《气变公约》与《京都议定书》"共同但有区别的责任"，区分发达国家与发展中国家的不同发展情况、能力及排放数量，有差别地自愿实施。为了促进该目标的实现，大会鼓励各成员国向国际民航组织提交其国家行动计划、阐述其政策措施，并每年报告二氧化碳的排放状况。大会认

---

① See Andreas Hardeman and Kalle Keldusild, "Voluntary Emission Trading for Aviation", ICAO Environment Report 2007, p. 150.

② 国际民航组织 A37 – 19。

为,限制或减少国际航空排放对全球气候变化的不利影响需要通过国际组织或区域性的多边、双边的形式,为了尽快形成能够在国际层面统一适用的航空减排规则,大会要求理事会制定一个国际航空基于市场措施的框架,供ICAO第38届会议审议,并以总吨公里收益1%的国际航空活动作为划分是否应用市场措施的门槛值,低于门槛值或是其他非常小的航空器运营人应有资格免除适用。理事会应定期向《气变公约》报告国际航空二氧化碳的排放情况,评估所取得的成果。但该决议的目标、微量豁免及市场机制等几个部分,受到包括中国在内的近60个国家的保留。①

ICAO于2010年发布的第二次环境报告相比于2007年发布的第一次环境报告而言是一次完全致力于气候变化的报告。国际民航《2010年航空与气候变化环境报告》包括航空燃料的可持续替代、绿色融资及国际民航组织与联合国及其他国际组织的合作等八个部分组成,②并通过评估航空运输对气候变化的影响,来指导国际航空减排方案的实施;此外,在2010年的环境报告中还专门介绍了航空环境保护委员会2010年2月举行的第八次会议的结果,结合了在该领域知名专家的研究和报告,为促进国际社会对航空减排工作知识的获取与交流提供了更加便利的平台和渠道。

在航空对气候变化的影响这一章节中,首先介绍了全球气候变化是由于底层大气中温室气体的累计造成的,其中最令人担忧的就是二氧化碳,民用航空则是二氧化碳排放主体中一个"小而重要"的贡献者。其中,在环境报告的《航空温室气体排放》一文中戴维斯·李(David S. Lee)提到二氧化碳的量化(过去和未来)是非常有力的航空减排政策之一,但必须以累计的总排放量为基础,而不是以排放率为基础。③ 这个观点实际上就是"共同但有区别的责任"在二氧化碳排放量

① 参见李炎瑾:《国际民用航空器市场减排规则研究》,华南理工大学法学院2018年硕士学位论文,第23页。

② See ICAO, "Environmental Report 2010", Accessed March 12, 2012. http://www.icao.int/environmental-protection/Pages/EnvReport10.aspx.

③ David S. Lee, "Aviation Greenhouse Gas Emissions", ICAO Environmental Report 2010, p. 42.

化领域的实际运用，也是发达国家与发展中国家减排责任的分配在二氧化碳领域的具体解读。最后，在2010年环境报告中还着重强调了制定一个统一、透明的碳排放量计算工具的重要性。通过分析ICAO 2010年的环境报告不难看出，ICAO对治理国际航空排放对气候变化的不利影响逐步从整体化、框架化向精细化过渡。

5. ICAO第38届大会

国际民航组织2013年10月的第38届大会的有效文件（Doc. 10022）中通过了A38-17：《国际民航组织关于环境保护的持续政策和做法的综合声明——一般规定、噪声和当地空气质量》及A38-18：《国际民航组织关于环境保护持续政策和做法的综合声明——气候变化》两项具体决议，延续了ICAO第37届大会的决议模式。①

在A38-17这项决议中仍旧在肯定国际民用航空组织指导作用的基础上从航空器噪声、航空器排放对当地空气质量的影响以及航空器温室气体排放对全球气候的影响三个方面分别进行审议，并强调了不同方面的相互依存性。而在A38-18项决议中ICAO则进行了更为深入细致的探讨，大会首先肯定了航空技术部门所取得的重大进步：相比于20世纪60年代，现阶段航空器的燃油效率提高了约80%。除了航空器的制造，为了更进一步实现国际航空的减排目标，大会又列举了ICAO在其他层面制定的减排方案：《全球空中航行计划》规定了空中交通管理措施、第十二次空中航行会议通过了航空系统组块升级战略、航空环境保护委员会商定了航空器的全球二氧化碳排放标准、航空与代用燃料会议制定了航空代用燃料全球框架、开发国际民航组织燃料节省估算工具、可持续的航空代用燃料等。基于这一系列的综合措施，大会指出航空业反对分散的国家或地区基于市场的措施，支持制定单一的全球碳抵消政策，形成一整套的全面减排措施。实质上，这也是国际社会对于欧盟排放交易措施的抵制及对ICAO所制定的全球统

① ICAO, Doc. 10022, Assembly Resolutions.

一减排规则的肯定在第38届大会上的反映。大会表示,截至2013年年底,已有代表国际收费吨公里总量81.60%的71个成员国编制并自愿向国际民用组织提交了其国家行动计划,其中就包括国际航空产生的二氧化碳排放。① 并进一步地鼓励其他国家向国际民航组织提交行动计划,报告国际民航的二氧化碳排放情况,确保IPCC及其他联合国组织能够获取由航空器引起的对大气任何影响的最新消息。② 除此之外,大会强调所有的措施都将虑及各成员国特别是发展中国家的不同情况和各自能力、航空市场的成熟程度通过微量豁免或分段实施的方式,尽量减少对市场的扭曲。但是,包括中国、印度、巴西、澳大利亚在内的多个国家,对国际民航组织的中期全球理想目标及以发达国家为主的一系列国家对国际民航组织的豁免措施提出了保留,而这些方面也正是发达国家与发展中国家间的冲突点。

在ICAO 2013年的环境报告中主要介绍了国际民航组织第38届大会就制定全球航空基于市场措施计划所取得的新突破,这也说明了国际民航组织成员国对于国际航空排放基于市场措施解决方案的支持。③ 根据2013年环境报告的介绍,ICAO第37届大会发挥着承上启下的作用,不仅承担着促进全球航空减排目标的实现、加强与成员国或其他国际组织的合作、研究国际航空温室气体减排的解决方案;还要对制定全球航空基于市场措施计划,以及从2020年起的实施机制、中期目标的实现等在2016年第39届大会中需要审议的事项进行估计、监察与核实。国际民用航空组织的全球航空减排工作正处于一个关键时期:航空运输总量不断增加,碳减排要求的程度不断提升,相应的配套措施也需要尽快制定,所以2013年环境报告指出,在A38-18决议中以第37届大会以来所取得的一系列的成就为基础纳入了一些关键因素,包括度量、监察国际航空排放的全球温室气体;

① See ICAO, "Strategic Objective C1 - Environmental Protection-States' Action Plans", Accessed January 24, 2019. https://www.icao.int/annual-report-2013/Pages/CH/progress-on-icaos-strategic-objectives-strategic-objective-c1-environmental-protection-states-action-plans_CH.aspx.

② 国际民航组织A38-18。

③ ICAO, Environmental Report, 2013.

制定了全球飞机二氧化碳排放标准,争取在2016年由国际民航组织理事会通过;此外,还介绍了航空环境保护委员会第九次会议中三次指导小组会议所通过的航空噪声标准、减少航空器燃料的燃烧和排放、航空器交通管理业务的变化及颗粒物标准的研究等方面所取得的成果。

ICAO第38届大会共有184个会员国和54个观察组织参加,成为与此前相比规模最大的会议,可见在国际航空减排问题上国际民航组织取得了国际社会的巨大支持。航空减排的全球性规则制定终究离不开各国的支持与援助,这点国际民航组织在历届大会中也不断强调。

6. ICAO第39届大会

2016年10月召开的ICAO第39届大会通过的决议在国际航空的环境保护方面取得了更加显著的成果,包括:A39－1:《国际民航组织关于环境保护的持续政策和做法的综合声明——一般规定、噪声和当地空气质量》;A39－2:《国际民航组织关于环境保护的持续政策和做法的综合声明——气候变化》;A39－3:《国际民航组织关于环境保护的持续政策和做法的综合声明——全球基于市场措施计划》三个部分。

A39－1决议仍采用附录的形式对噪声、土地规划和对当地空气质量等方面进行审议,在此项决议中指出限制民用航空活动对环境的不利影响可以通过技术改进、高效的空中交通管理和运行程序、航空器的回收和利用、可再生清洁能源的使用及机场和土地的规划和管理、采取基于市场的措施等多个方面综合进行。[①]而这些环境工作也有利于实现联合国17个可持续发展目标中的10个。[②] 基于这些可持续发展目标国际民用航空组织正在或已实施了一系列措施包括:航空环境保护委员会针对飞机制定一项新的全球二氧化碳排放合格审定标准,附件16第Ⅲ卷——《飞机二氧化碳排放》;国际民航组织出版了对航空器噪声和发动机排

① 国际民航组织A39－1。

② 国际民用航空组织的战略目标中已经为联合国的17项可持续发展目标中的13项目标做出了贡献,单环境工作方案就为其中的10项目标做出了贡献。

放的环境指南；国际民航理事会也出版了环境管理制度的资料，制定、修改了《机场空气质量指导手册》，制定了关于非挥发性微粒物质排放的合格审定要求等。在国际民航组织大力推动限制或减少航空噪声及排放问题对空气质量所造成不利影响的同时，大会还鼓励并敦促成员方及其他组织积极通过自愿方式采取措施。

A39－2：《气候变化的综合声明》中大会首先认识到由2010年第37届及2013年第38届大会确认的国际航空部门改进燃油效率的理想目标要结合2015年12月在《气变公约》缔约方大会中通过的《巴黎协定》的2摄氏度和1.5摄氏度的理想目标，以共同探索国际航空的长期全球理想目标。① 而促进这一全球理想目标的实现，需要包括技术标准、可持续代用燃料，基于市场措施的“一揽子”全面减排方案。至2016年6月8日，代表全球国际航空运输量的88%的94个成员国已经编制并向国际民航组织提交了其国家行动计划，在不同国家之间适用“一揽子”减排措施时，国际民航组织根据“不让任何国家掉队”的举措积极与其他国际组织开展伙伴关系为成员国采取减少航空排放的行动提供援助，促进发展中国家获得新的财务资源、技术转让和能力建设，并就取得的成果与进一步的研究建议向国际民航组织第40届大会进行报告。

作为ICAO第39届大会取得突破性进展的全球基于市场措施计划的A39－3项决议，是国际民航组织制定的全球碳抵消计划发展成果的最新表现形式。大会所决定的全球基于市场的措施计划，将以国际航空碳抵消和减排计划（CORSIA）的形式来解决国际民用航空产生的高于2020年水平的二氧化碳排放总量，同时将考虑到各国的经济发展水平、对气候变化的抵御能力及国际航空排放的贡献程度等方面的特殊情况，尽量减少对国内市场发展的不利影响。② A39－3这项决议相较于A39－1与A39－2的形式而言，规定的内容更加具体，侧重于对CORSIA的适用范围、评估计算标准及详细的实施做法、项下机制的阐述。CORSIA采取分阶段推进的办法以照顾到各国特别是发展中国家的特殊情况和

① 国际民航组织A39－2。

② 国际民航组织A39－3。

实际发展能力，此外，除了通过分阶段实施的方式来尽可能地促使不同发展水平的国家都能融入 CORSIA 计划，国际民航组织在适用主体的划定方面也对最不发达国家、小岛屿发展中国家和内陆发展中国家等航空经济发展水平较为落后、应对气候变化影响能力较为脆弱的国家给予了充分的照顾和豁免。在以国家经济发展水平这一要素作为门槛划定适用范围的同时，CORSIA 还将排放总量、航空器质量以及航空作业的性质作为是否适用该计划的判断标准之一，将年产二氧化碳总量小于 10,000 吨、航空器最大起飞质量小于 5700 千克、所进行航空作业的性质为人道主义、医疗、消防工作的航空器运营人作为不适用 CORSIA 计划的低水平的国际航空活动，来避免不必要的行政负担。可见，在国际民航组织所制定的全球碳抵消和减排计划中始终坚持“不让任何国家掉队”的原则，根据不同国家之间的经济发展水平及对国际航空排放的贡献分阶段、有区别的实施计划，同时设立为期 3 年的遵守周期与每年的数据报告制度，作为理事会审议实施效果并酌情进行调整的基础。国际民航组织的这项基于全球航空减排的市场措施计划，实现了国际航空减排领域工作的重大进展，欧盟也为此决定暂时停止对非欧盟国家的航空器适用 EU ETS 措施，并重新对有关的法律进行修改以适应国际民用航空组织的 CORSIA 减排措施。

ICAO 2016 的环境报告详细介绍了过去 3 年内国际民航组织在环境保护方面的关键活动与取得的进展，自 2013 年 ICAO 第 38 届大会顺利举行以及环境报告出版以来，ICAO 在环境保护领域已经取得了重大进展，先前的许多倡议草案已经制定或通过实施，这点仅通过 ICAO 发布的环境报告中所介绍的工作和成果概述就能够看出。2016 年环境报告包括：航空和环保前景、航空器噪声、当地空气质量、全球排放及国家行动计划、航空器的报废和回收、气候变化的适应和恢复能力、伙伴关系等 8 个章节的内容，此外还专门介绍了航空环境保护委员会第十次会议的内容和取得的成果。[1] 而航空器全球排放这一部分中又包含技术的提

---

① See ICAO, "2016 Environment Report", Accessed July 12, 2018. https://www.icao.int/environmental-protection/Pages/ENV2016.aspx.

升、运营方式的改善、基于市场措施和可持续的替代燃料等几个具体的方面。

2016 年环境报告指出,虽然航空运输在效率和技术上取得了重大进步,但随着航空运输产业的快速发展,航空业的总排放量还会大幅度增长,很难实现 2020 年国际航空排放碳中和的理想目标,[①]而全球航空减排市场措施计划作为一项补充性、全局性政策,将促使整个国际航空部门到 2025 年抵消 1.42 亿吨至 1.74 亿吨的二氧化碳,抵消成本为 15 亿到 62 亿美元,约占国际航空总收入的 0.2% 至 0.6%,满足"低成本、高效率"实现国际航空的减排目标。自 38 届国际民航组织联大以来,各成员国积极落实全球航空减排市场措施计划的各项要求,2014 年 3 月国际民航理事会成立了环境咨询小组负责全球航空减排市场措施计划的监督与建议工作,该小组从 2014 年 3 月至 2016 年 1 月共举行了 15 次会议;航空环境保护委员会全球基于市场措施的技术工作小组从 2014 年 3 月至 2016 年 6 月召开了 8 次会议;第 10 次会议也于 2016 年 2 月召开。除此之外,2015 年 12 月 UNFCCC 缔约方会议通过了《巴黎协定》,也推动了全球碳市场的发展。在《巴黎协定》中不仅吸取了包括《京都议定书》清洁发展机制在内的经验教训,还创新性地纳入了市场条款,这在很大程度上也说明了全球碳市场措施的广泛性和可行性。

为了促进国际民航组织基于市场措施计划的实施,ICAO 自 2010 年第 37 届国际民航组织大会以来一直鼓励成员国自愿提交国际航空减排行动计划,并制订了一项综合措施来支持愿意采取行动的成员国,其中包括民航组织伙伴计划。这项伙伴关系计划鼓励已经提交国家行动计划的成员国与尚未提交行动计划的成员国之间形成伙伴关系,通过技术、措施等方面的资助与指导来促进国家航空减排行动计划的提交。国际民用航空组织 3 年一版的环境报告不仅是对过去 3 年中所实施工作、取得成果的概述,还是整个国际航空减排工作框架尤其是对全球航空减排市场措施计划的解读与剖析。

---

① See Michael P. Vandenbergh and Daniel J. Metzger, "Private Governance Responses to Climate Change: The Case of Global Civil Aviation", *Fordham Envtl. Law Rev.* 30, 2018, p. 68.

（四）国际民用航空组织规管航空排放的优势

由国际民航组织规管航空排放问题具有以下优势：

1. 技术优势

国际民航组织是一个技术性很强的国际组织。制定公平、有效的航空减排政策需要建立在航空专业知识和技术基础上，国际民航组织是联合国专门机构中唯一具备这方面技术背景和专业知识的机构。航空排放国际规管机构必须考虑到一系列复杂问题，包括由新的排放要求带来的航空安全性问题、飞机改良技术和运行变化对经济的影响和成本问题。国际民航组织能够全面地考虑这个独特行业的需要以建立一个有效平衡的减排方案，例如，该组织能够更好地理解和把握航空噪声和航空排放之间、航空碳排放物与氮排放物之间的平衡，能够更清楚地对一个飞机发动机组件的调整可能会影响其他组件的工作。为了确保航空运输系统的持续安全，航空排放的国际法治必须建立在这种专业知识和技术背景之上。

2. 经验优势

国际民航组织具有航空排放方面的监管经验。正如国际民用航空组织在《气变公约》第24届缔约方会议边会上的介绍一样，国际民用航空组织自1944年《芝加哥公约》制定之日起就是旨在服务和促进国际航空运输发展的专门性国际组织，也是迄今为止在国际航空发展方面影响力最大的国际组织。[①] 1977年，国际民航组织即成立航空器发动机排放委员会，1981年，该委员会即制定了航空器发动机排放的环保标准，并将之纳入《〈芝加哥公约〉附件16：环境保护》中。这些标准后来不断修订和调整，日趋严格，是航空器制造获得国际认证的依据。此外，国际民航组织在相关研究和经验基础上还以大会决议、理事会指导材料等形式制定了航空排放国际软法规则。国际民航组织的这些工作客观上限制和减少了航空器一氧化碳、未燃尽的碳氢化合物、氮氧化物以及烟、原油等有害气体和物质的排

① See Daniel B. Reagan, "Putting International Aviation into the European Union Emissions Trading Scheme: Can Europe do It Flying Solo", *B. C. Envtl. Aff. L. Rev.* 35, 2008, p. 5.

放,在规管航空排放方面发挥了领导作用,并积累了较多经验。

3. 遵守优势

环保规则的遵守是一个系统工程,如果没有准确的数据测算作为支持,环保规则的遵守会大打折扣。以《气变公约》为例,由于温室气体核查的技术、政治和经济等方面的复杂性,缔约方对该公约的遵守是困难的。一份总审计局的研究发现:《气变公约》的目标是减少温室气体排放,但该目标不能得到充分评估,因为排放数据不完整、不可靠、不一致……虽然二氧化碳的排放数据被认为具有高度的确定性,但其他温室气体(如甲烷、氮氧化物等)的数据缺少可靠性。这限制了各项目方案的可比性、完整性,进而影响了对公约目标方面取得进展的预测。① 与之相比较,由于国际民航组织已有飞机排放的测量经验,如果由国际民航组织来规管航空排放,航空排放相对容易监测和记录,相关规则也能够获得更好的遵守。

4. 组织系统优势

对于可能影响国际航空运输运行和成本增加等方面的任何行动,能否形成国际共识是至关重要的。国际民航组织有必要的背景、专业知识和组织系统,在建立公平、有效航空排放政策的国际共识方面具有优势。ICAO 框架下的国际航空减排规则之间环环相扣,具有统一的标准和适用程序,且各部门之间能够相互联系合力促进国际航空减排工作的顺利开展。② 彼得 · 沙指出:"国际民航组织成功处理了底线综合征(bottom-line syndrome)和最慢的船综合征(slowest-boat syndrome)。最终结果是……增加了建立在普遍同意基础上具有立法特性的多数票(简单多数或2/3 多数)决定通过的机会。"③例如,国际民航组织附件机制通过

① See Heather L. Miller, "Civil Aircraft Emissions and International Treaty Law", *J. Air L. & Com* 63, 1998, p. 725.

② 参见刘萍:《国际航空碳排放全球机制的构建》,载《法律科学》(西北政法大学学报)2013 年第4 期。

③ Peter H. Sand, "Lessons Learned in Global Environmental Governance", *B. C. Envtl. Aff. L. Rev.* 18, 1991, p. 245.

默示同意的使用制定出各种规范，除非一定比例会员国阻止，其制定的标准即被采纳。如果国际民航组织采用了某标准，发现遵守该标准不合适的国家虽然享有退出的权利，但是，这通常面临很大的组织系统压力，结果是国际民航组织制定的标准得到广泛遵守。

5. 减少对双边航空运输协定的影响

如果《京都议定书》不将国际航空排放明确排除，则议定书附件一中的国家为了实现议定书承诺的排放目标，可能已经导致大量既有双边航空运输协定的破坏。例如，一些国家为了达到他们的减排目标，可能试图对国际航空征收航空燃料税。问题是，在既有双边航空运输协定中一般均排除了向对方航空公司征收燃料税。一国为了温室气体减排而采用的燃油收税或收费的行动将可能导致另一国报复或要求就两国的双边航空运输协定进行谈判。由国际民航组织制定航空排放规则能够最大限度减少双边航空运输协定中断的可能性。国际民航组织接受一个原则，即各国可以对航空公司收取一定的环境费以弥补航空运输存在的特定环境成本，但不接受未指定用途的环境税。国际民航组织规管航空排放问题，会尽可能顾及其采取的限制或减少航空排放的措施不会扰乱既有的双边航空运输协定。

6. 全球范围内全面规制

对航空排放的法律规制，最好是全球范围内的全面规制。① 与国家措施或区域性措施相比，由国际民航组织规管航空排放具有全球范围的优势，能够更充分地考虑相关措施对不同国家的现实影响，协调不同利益集团的分歧，促成国际共识的达成。与《气变公约》《京都议定书》仅针对温室气体，《维也纳公约》《蒙特利尔公约》仅针对破坏臭氧层的物质相比，由国际民航组织规管航空排放具有全面规制的优势。国际民航组织能够更全面地考虑和衡量航空排放不同污染气体和物质之间的相关性和依存度及航空排放和航空噪声之间的联系，并针对不同污

---

① 参见刘萍：《单边抑或多边：航空排放法律规制路径分析》，载《暨南学报》2012 年第 3 期。

染物制定技术可行、环境有益、经济合理的标准。全球措施比国家计划更符合成本效益,能够尽可能减少采用单边措施导致的市场扭曲问题。

二、《联合国气候变化框架公约》及其附属机构

(一)《联合国气候变化框架公约》的形成

20世纪70年代末以来,温室气体导致的全球气候变暖问题逐渐引起国际社会的重视。1988年,世界气象组织与联合国环境规划署共同组织成立了政府间气候变化专门委员会(IPCC),其主要任务是对与气候变化有关的各种科学、技术和社会经济信息,气候变化的潜在影响及适应和减缓气候变化的可能选择进行评估。IPCC于1990年发表了第一次气候变化评估报告,确认了人类正面临着气候变化的威胁。1990年12月21日,联合国第45届大会通过第45/212号决议,决定设立气候变化框架公约政府间谈判委员会,正式启动《气变公约》谈判进程。

气候变化框架公约政府间谈判委员会于1991年2月至1992年5月共举行了6次会议(第一次会议至第五次会议续会)。谈判各方在一些关键条款上各执己见、互不相让;发达国家与发展中国家、欧盟与美国之间立场迥异。但在巴西里约热内卢环境与发展大会召开在即的大背景下,各方最终妥协,于1992年5月9日在纽约通过了《气变公约》,并在里约环境与发展大会期间开放供与会各国签署。《气变公约》于1994年3月21日生效。截至2002年12月,共有186个国家和欧盟成为公约缔约方。① 我国于1992年6月11日签署了《气变公约》。

(二)《联合国气候变化框架公约》的基本内容

1.《联合国气候变化框架公约》的最终目标

《气变公约》第2条明确了:"本公约以及缔约方会议可能通过的任何相关法律文书的最终目标为:根据本公约的各项有关规定,将大气中温室气体的浓度稳定在防止气候系统受到危险的人为干扰的水平上。这一水平应当在足以使生态系统能够自然地适应气候变化、确保粮食生产免受威胁并使经济发展能够可持续

① 参见国家气候变化对策协调小组办公室、中国21世纪议程管理中心:《全球气候变化——人类面临的挑战》,商务印书馆2004年版,第140页。

地进行的时间范围内实现。”

2.《联合国气候变化框架公约》确立的原则

《气变公约》第 3 条规定了用于指导缔约方采取履约行动的五项原则。

第一，公平原则（共同但有区别的责任原则）。各缔约方应在公平的基础上，根据它们共同但有区别的责任和各自的能力，为人类当代和后代的利益保护气候系统，发达国家应率先采取行动对付气候变化及其不利影响。

第二，充分考虑发展中国家具体需要和特殊情况原则。应当充分考虑发展中国家缔约方，尤其是特别易受气候变化不利影响的发展中国家缔约方的具体需要和特殊情况，也应充分考虑那些根据本《气变公约》必须承担不成比例或不正常负担的缔约方，特别是发展中国家缔约方的具体需要和特殊情况。

第三，预防原则。各缔约方应采取预防措施，预测、防止或尽量减少引起气候变化的原因，并缓解其不利影响。当存在造成严重或不可逆转的损害的威胁时，不应以科学上没有完全的确定性为由推迟采取这类措施。同时考虑应对气候变化的政策和措施应当讲求成本效益，确保以尽可能最低的费用获得全球效益。为此，这种政策和措施应当考虑不同的社会经济情况，具有全面性，包括所有有关的温室气体源、汇和库及适应措施，并涵盖所有经济部门。应对气候变化的努力可由有关的缔约方合作进行。

第四，促进可持续发展原则。各缔约方有权并应当促进可持续的发展。保护气候系统免遭人为变化的政策和措施应当适合每个缔约方的具体情况，并应结合国家的发展计划，同时考虑经济发展对于采取措施应付气候变化是至关重要的。

第五，开放经济体系原则。各缔约方应使用促进有利的和开放的国际经济体系，促成所有缔约方特别是发展中国家缔约方的可持续发展，从而使它们有能力更好地应付气候变化问题。为对付气候变化而采取的措施，包括单方面措施，不应成为国际贸易上的任意或无理的歧视手段或隐蔽的限制。

3. 各缔约方共同但有区别的义务

根据共同但有区别责任原则，《气变公约》第 4 条为所有缔约方规定了普遍性义务,同时也为附件一缔约方(发达国家、经济转轨国家和欧盟)和非附件一缔约方(绝大多数是发展中国家)分别规定了不同的义务。

所有缔约方均承担的义务是:提供所有温室气体各种排放源和吸收汇的国家清单;制订、执行、公布国家计划,包括减缓气候变化及适应气候变化的措施;促进减少或防止温室气体人为排放的技术的开发应用;增强温室气体的吸收汇;制订适应气候变化影响的计划;促进有关气候变化和应对气候变化的信息交流;促进与气候变化有关的教育、培训和提高公众意识等。

附件一国家承担的义务有:带头遵循公约的目标,改变温室气体人为排放的趋势;制定国家政策和采取相应的措施,通过限制人为的温室气体排放及保护和增强温室气体汇和库,减缓气候变化。到2000年,致力于个别地或共同地使二氧化碳等温室气体的人为排放恢复到1990年的水平,并定期就其采取的政策措施提供详细信息。《气变公约》附件二所列发达国家(除经济转轨国家以外的附件一国家)应提供新的和额外的资金,支付发展中国家与履行《气变公约》有关的费用,帮助特别易受气候变化不利影响的发展中国家缔约方支付适应这些不利影响的费用,促进和资助向发展中国家转让无害环境的技术,支持发展中国家增强自身的技术开发能力。

《气变公约》特别强调,发展中国家能在多大程度上有效履行其在本《气变公约》下的义务,将取决于发达国家对其在本《气变公约》下所承担的有关资金和技术转让的承诺的有效履行,并将充分考虑经济和社会发展及消除贫困是发展中国家首要和压倒一切的优先任务。

(三)《联合国气候变化框架公约》对航空排放的调整

1. 对航空温室气体排放能否纳入公约未作明确规定

1992年通过的《气变公约》是世界上第一个全面控制温室气体排放的国际公约,公约明确了稳定大气中温室气体浓度的目标、确立了指导缔约方保护气候系统的五大原则、根据共同但有区别责任原则规定了不同缔约方的不同义务,可以说,《气变公约》构筑了全球气候变化及温室气体排放的基本法律框架。但是,该公约对航空温室气体排放能否纳入公约未作明确。

在《气变公约》谈判之时未能认识到全球民用航空业的独特性，《气变公约》对航空温室气体排放的处理模糊。如果根据《气变公约》上下文推断，航空排放中的国内航空排放似乎是可以纳入《气变公约》国家排放总量的，但国际航空排放则不清楚。国际航空排放应该如何计算，应该算在何国排放总量之中，公约对此关键问题未作规定。《气变公约》要求缔约国限制"他们的"排放，但国际航空排放应归属于何国却是个先决而又未决的问题。

2. 对国际航空温室气体排放归属进行了讨论

确定国际航空排放的归属是一个复杂问题。传统上，由于国家与航空公司和航空器存在很强的联系，商业航空运输一直得到国家政府支持，因此，国际航空排放似乎可以根据航空公司或航空器注册登记地等联系因素确定排放归属于何国。但国家与航空公司的这种联系正由于航空运输私有化趋势及航空公司全球并购浪潮而减弱。此外，航空器可能因经济原因在一国登记，但实际上又租赁到他国营运。复杂因素还在于，为航空器加油不一定限于出发地这样一个特定国家。另外，相当比例的航空排放发生在公海上空，而这一区域不属于任何国家管辖。①

《气变公约》的附属科技咨询机构后来曾就附件一所列缔约方在确定国际航空排放归属问题时可供选择的方案进行了讨论。列明的讨论方案包括：

方案 a，不做任何归属性分配；

方案 b，全球舱载燃料的排放根据各国国内排放量按比例确定归属；

方案 c，根据销售航空燃料的国家确定归属；

方案 d，根据运输公司国籍或航空器注册国、营运国国籍确定归属；

方案 e，根据飞机起飞或目的地国家确定归属，或者根据有关航空旅程的排放量由出发国家和到达国家分担；

方案 f，根据旅客或货物的起运地或目的地国家确定归属，另外，有关旅客或

---

① See Heather L. Miller, "Civil Aircraft Emissions and International Treaty Law", *J. Air L. & Com* 63, 1998, pp. 722 – 723.

货物旅程有关的排放可以由出发国家和到达国家分担;

方案 g,根据旅客或货物原产国确定归属;

方案 h,根据排放足迹位于该国领空确定归属。

其中,方案 b ~ h 均可以按照一定标准将国际航空排放分配和归属到某特定国家,从而使《公约》约束范围包含国际航空排放。附属科技咨询机构主要研究了方案 a、c、d、e、f,用以决定处理国际航空排放问题的最佳方案。方案 c 至 f 的主要问题是,由于所涉相关国家承担不同的温室气体减排义务,根据《气变公约》可能实行不同的政策和措施来管理航空排放,这会导致建立在对等基础上的既有双边航空运输机制中断。而方案 a 对国际航空排放不做任何归属性分配,意味着会将国际航空排放作为一个单独类别对待,此方案得到更多支持,并为后来的《京都议定书》采用。

3. 为航空温室气体排放国际法律规则的形成提供了原则性指引

尽管《气变公约》对于国际航空温室气体排放的处理模糊,但是,作为迄今为止在国际环境与发展领域影响最大、涉及面最广、意义最为深远的国际法律文件,《气变公约》为各国政府、各组织机构处理气候变化相关问题提供了全面的国际法律应对框架,也为航空温室气体排放国际法律规则的形成提供了原则性指引。《气变公约》第 3 条载明的用于指导缔约方采取履约行动的五项原则,即公平原则(共同但有区别的责任原则)、充分考虑发展中国家的具体需要和特殊情况原则、预防原则、促进可持续发展原则、开放经济体系原则,也成为航空温室气体排放国际法律规则体系的基础。

(四)UNFCCC 与 ICAO 的关系

在航空排放的国际法治过程中,UNFCCC 处理的是国内温室气体排放问题,着眼于国内排放,国内航空排放可以纳入 UNFCCC 及《京都议定书》《巴黎协定》体系;ICAO 处理国际航空排放问题,关注的焦点在于国际航空排放的全球性。联合国的这两个机构各自独立但又相互配合。ICAO 定期向 UNFCCC 报告国际航空排放的二氧化碳数据,这些数据被用来评估是否应该以及在何种程度上对国际航空排放问题采取行动。对ICAO来说，确保评估和报告排放数据的精确性是一个挑战，因此，UNFCCC下属的科学与技术咨询附属机构在很多时候承担了评估并报告这些数据的任务。由此可以看出，ICAO和UNFCCC作为联合国的两个机构在事实上是存在合作的。①

在UNFCCC与ICAO的关系上，国际民航组织A37－18号大会决议第2条的规定更为明确，该条款要求理事会：(1)确保国际民航组织继续发挥领导作用，处理与国际民用航空有关的环境问题，包括温室气体排放；(2)继续研究政策性选择以限制或减少航空器发动机排放的环境影响，并尽快向《气变公约》缔约方会议拟定具体方案，提出建议，包括技术解决方案和基于市场的措施，同时考虑到这些措施对发展中国家和发达国家的潜在影响；(3)继续同参与这一领域决策的组织，尤其是同《联合国气候变化框架公约》缔约方会议合作。A38－18号决议则重申：继续同参与这一领域决策的组织尤其是同气候变化缔约方大会合作；本决议不应首开先例或预断《气变公约》及其《京都议定书》之下的谈判成果，也不代表《气变公约》及其《京都议定书》缔约方的立场。A39－3号决议则明确：在不影响根据《气变公约》进行的谈判的情况下，完成就全球基于市场的措施计划的各种可能备选方案的技术内容、环境和经济影响及其形式、包括就其可行性和切实性进行的工作。在国际航空排放谈判中，UNFCCC下的谈判胶着不前，谈判主要集中在ICAO之下，但这两者之间内在的冲突始终未能妥善解决。② UNFCCC从1995年召开第一次缔约方大会时，便开始讨论国际航空的排放问题。与此同时，ICAO作为UNFCCC秘书处和附属科技咨询机构的合作方也参与了航空议题的谈判。在欧盟等推动下，ICAO逐步将航空排放纳入其议事日程，并从1998年召开的第32届大会开始对此展开正式谈判。得益于其简单多数的议事规则，其谈

① 参见覃华平：《欧盟航空减排交易体制(EU ETS)探析——兼论国际航空减排路径》，载《比较法研究》2011年第6期。

② 参见黄成勋：《航空业达成全球减排框架协议，将定 CO_2 排放标准》，载搜狐网：http://news.sohu.com/20101019/n275938955.shtml，最后访问日期：2018年11月19日。

判进度远快于UNFCCC。

“尽管ICAO的谈判比较快,但其谈判的基本原则却与UNFCCC的谈判原则存在明显冲突”,气候谈判专家杨富强指出。作为联合国的一个专门机构,ICAO成立于1947年,其组织基础是《芝加哥公约》。该公约第44条第7款确立了“避免缔约各国之间的差别待遇”的原则,而这一原则与UNFCCC谈判中确立的“共同但有区别的原则”形成了冲突。到底该适用哪个原则,这是发展中国家与发达国家在该议题谈判中的最大分歧。实际上,该公约第44条第9款也确立了“普遍促进国际民用航空在各方面的发展”的原则。“ICAO应铭记《芝加哥公约》第44条对ICAO宗旨和目的的授权,将发展作为首要任务”,负责参与ICAO谈判的中国代表、中国民航总局节能减排办的马湘山博士在ICAO“航空与气候变化向可持续性迈进”研讨会上发言。他坚持认为,“燃油效率目标将是兼顾发展与控制排放的最佳目标,其他抑制发展而片面追求减排的目标不仅既不现实,也不合理”。[①] 尽管发展中国家可以用《芝加哥公约》第44条第9款来回击发达国家,但两大阵营之间的矛盾并没有缓解。

三、世界贸易组织

航空运输作为服务贸易部门之一,被列为世界贸易组织《服务贸易总协定》(General Agreement on Trade in Services,GATS)的部门附件,WTO通过了《关于空运服务的附件》。但由于航空运输的特殊性,国与国之间的航空运输通常是通过双边航空运输协定以互惠和利益均等为基础相互交换运营权的方式来实现,航空运输并非完全开放、竞争的服务贸易领域。因此,为了避免与已有多边和双边航空协定相冲突,在GATS的《关于空运服务的附件》中将航空运输服务领域适用的范围限制得很小,这个附录采用“反列清单”和“正列清单”相结合的方式明确规定了GATS适用于航空运输服务的范围。在“反列清单”中,它明确规定不适用于交通权和与直接行使交通权相关的服务,并对交通权/运输权(traffic

---

① 参见黄成勋:《航空业达成全球减排框架协议,将定CO_2排放标准》,载搜狐网:http://news.sohu.com/20101019/n275938955.shtml,最后访问日期:2018年11月19日。

right）下了明确的定义，即指一成员方以定期或不定期航班，用支付报酬或租金的方式，从事运送旅客、货物和邮件来自、前往或仅在成员方境内停留以及飞越国境的权利，包括服务地点、运营航线、从事运输的类型、提供的运力、收取的运价及其条件，以及航空公司指定的标准，包括数量、所有权和控制等。同时，在"正列清单"中，该附件列举说明飞机的修理和维护、航空运输服务的销售和营销、计算机订座系统属于GATS管辖的范围。很显然，航空排放不属于WTO《服务贸易总协定》的《关于空运服务的附件》规范和管辖的范围。

航空排放不受GATS管辖，那么，是否受《关税暨贸易总协定》（General Agreement on Tariffs and Trade，GATT）管辖呢？对此，有学者提出："尽管碳排放指标本身不属于有形的货物或商品，难以满足传统意义上的'货物'要求，不应属于GATT调整的范围，但是，随着国际贸易法的发展，'货物'概念的外延也在不断延伸，将其扩展适用于碳排放指标也未必完全不可行。"①但是，WTO在环境与贸易关系的讨论中形成一些基本观点：

第一，WTO不是环境保护组织，它在环境保护领域中进行政策协调对贸易有重大影响的环境政策。在环境与贸易的关系问题上，WTO认为两者是可以互相支持的。环境保护政策保护了自然资源，为经济发展提供了物质基础和保障，使经济能够在此基础上不断增长，贸易自由化带来经济的增长，经济的增长增加了环境保护的投入，促进环境保护的发展。WTO的任务协调贸易自由化与环境保护的关系，继续坚持原来自由的政策，同时又为自由化扫除障碍，使贸易自由化不妨碍各国的环境保护。

第二，GATT/WTO已经给各国的环境保护政策提供重要依据。但是，环境保护政策必须在非歧视的基础上进行。对待进口产品与本国产品要坚持国民待遇原则。WTO保证市场准入机会，帮助发展中国家实现可持续发展，发展中国家由于历史 、地理、人为等各方面原因造成贫困，这种现状已经被WTO广泛承认和接

① 梁咏：《欧盟碳减排的国际法规制——以航空业为例》，载《法学》2011年第12期。

受，所以WTO的政策规定有意倾向于发展中国家。贫困是造成环境问题的首要原因，是环境保护的重要障碍。实行贸易自由化，减让关税和消除非关税壁垒，增加发展中国家市场准入的机会，扩开发展中国家的出口市场，加上资金和技术的援助，对发展中国家积极的发展十分重要，对世界范围内的资源配置和环境保护也有重要意义。

第三，国际协调和多边合作对正确处理与贸易有关的环境问题非常重要。国际社会的贸易与环境政策的协调有助于消除环境与贸易的政策冲突。多边环境协定是解决跨国环境问题（包括全球性问题和地区性问题）的主要途径，不赞成单方面解决环境问题。通过国际合作解决环境问题，减少武力和以环境保护为借口的贸易保护主义措施。多边环境协定反映了国际社会对全球资源和环境问题的关切和责任，促进贸易自由——环境保护的协调发展，实现全人类的和平与发展，是我们每一个人、每一个国家义不容辞的责任。

在欧盟航空碳排放交易制度是否与WTO现有规则相冲突的问题上，有观点认为："欧盟航空业碳排放交易体系既可适用于GATT，也可能适用于GATS的程序例外。该措施是否会对贸易产生可预期效应或许并不重要，但该措施有可能违反上述协定的多项义务，包括最惠国待遇义务、与货物进口数量限制和货物运输有关的义务，以及服务贸易项下的国民待遇义务。"①但也有学者认为："按照GATS所确立的最惠国待遇原则、市场准入规则和国民待遇要求，欧盟航空碳排放交易制度可能并不违反这些规定。"②此外，世贸组织总干事办公室参事多阿·阿卜杜勒·莫塔尔（Doaa Abdel Motaal）表示，将该贸易争端提交给世贸组织解决的选择会受到很多限制。如果有证据表明欧盟的碳交易体系对旅游业有负面影响，或增加了运输成本的话，就可以此提起诉讼。但迄今为止还没有人向世贸组织就类似的案例提起争端解决申请。莫塔尔表示，"我认为真正的问题在于将这

① Bartels L.,"The Inclusion of Aviation in the EU ETS:WTO Law Considerations",*ICTSD Trade and Sustainable Energy* 6,2012,p.14.

② 胡晓红:《欧盟航空碳排放交易制度及其启示》,载《法商研究》2011年第3期。

一争端引入世贸组织的可行性。我们有相应的规则吗?这还是个问号"。①

笔者认为,就 WTO 目前和可预见的很长一段时间内,无论是 WTO 的 GATS 还是 GATT 均不直接规管航空排放问题,也不适合将其解释为可以规管航空排放问题。在航空排放与 WTO 的关系上,需要考虑的是,一国或一地区在采取航空环境保护措施(包括航空排放法律措施)时应当避免该措施与 WTO 现有规则(如非歧视原则等)相冲突,如欧盟航空碳排放交易制度是否与 WTO 现有规则相冲突。

四、其他政府间国际组织

(一)世界银行和国际货币基金组织

世界银行和国际货币基金组织曾向 2011 年 11 月初在法国举行的 20 国峰会提交了一份报告,提出向国际航空燃料和航海燃收取每吨二氧化碳 25 美元的费用,从而实现在 2020 年前,每年筹集 400 亿美元,其中每年有 120 亿美元来自国际航空。该建议可能对《国际民用航空公约》、国际民航组织政策以及各国间的双边航空运输协定存在法律上和和实际上的影响,但报告未对此给予全面评估,也未探索实施此建议可行性的细节。②

为了加强发达国家对发展中国家的资金支持,在巴厘岛会议上,各国同意由世界银行来建立管理"战略气候基金",其中包括专门用于适应、技术及减少毁林的三个基金。之后,有一系列关于发达国家宣布建立基金,以支持在发展中国家开展气候相关活动的消息。在 2007 年 9 月的主要经济体会议上,美国宣布了建立 20 亿美元的"清洁技术基金";英国宣布了其 8 亿英镑"环境转型基金";日本年初在达沃斯宣布了其 100 亿美元的"冷却地球伙伴基金"。从目前看来,这些钱

---

① 马晓舫:《欧盟航空碳税争端恐难提交世贸解决》,载人民网:http://env. people. com. cn/GB/18109310. html,最后访问日期:2016 年 6 月 7 日。

② 参见中国民航局:《国际民航组织呼吁各国航空专家出席联合国气候变化框架公约缔约方大会第 17 次会议》,载中国民航局网:http://www. caac. gov. cn/dev/ICAO/GZDT/201112/t20111209_44256. html,最后访问日期:2014 年 10 月 9 日。

都有可能投入“战略气候基金”。[①]

事实上,英国是唯一一个额外拨款投入“战略气候基金”的国家;美国国会通过布什政府的20亿美元“清洁技术基金”提议的可能性微乎其微;而日本的基金基本上都是从其海外发展支援转过来的,并不是新的政府拨款。即便这三部分资金全部到位,对于解决发展中国家应对气候变化的挑战仍然是杯水车薪。“去年发布的联合国报告指出,从现在起到2030年,发展中国家减缓气候变化的技术支持,一年需要2000亿美元。这么算起来,目前发达国家已承诺的基金还不到所需金额的1%”。美国“关注科学家联盟”主席奥尔顿算了一笔账。[②]

在共同面对气候变化这个问题上,发达国家和发展中国家之间并不是普通的捐赠国和接受国之间的关系。通过能力建设、技术、资金等方式,帮助发展中国家更好地应对气候变化,这是发达国家应尽的义务。同时,由于这些资金的使用是与后京都气候谈判协议的实施密切关联的,发展中国家普遍要求在制定原则和管理过程中更多地参与。在这次20国部长会议上,资金的使用和管理问题也成了关注焦点。美国与日本都对其资金的使用附加了很多条件,而世界银行还是难改其为有钱的出资方说话的特点。事实上,在巴厘岛会议上同意创立的适应基金,为这类资金的良好管理开了个好头,决定由发达国家和发展中国家各出代表,成立团队来共同管理。

(二)经济合作与发展组织

经济合作与发展组织(Organization for Economic Co-operation and Development, OECD)发表的一项研究描述了收税建议的一些可能性,如收集和分配方案、政策目标、可能参与者、可能对温室气体减排的潜力等。研究指出,任何单方面的财政措施和环境措施都可能面临以下问题:飞机在没有燃油税的国家以较低价格购买额外燃料,以避免在一个设有该税的国家加油。问题是,这会导致更多燃料使用,

① 参见王冲、杨爱伦:《气候谈判:发达国家与发展中国家分歧严重》,载腾讯网:http://news.qq.com/a/20080321/000307.htm,最后访问日期:2014年3月21日。

② 同上。

却没有增加收入。设有燃油税的国家货物和旅客运输可能被打乱,导致有关商业活动和旅游业贸易扭曲。设有燃油税的国家的货物可能会通过没有设立此税的国家中转而规避税收,但这会增加燃料消耗、温室气体排放和货物成本。

该研究明确指出,应避免单方面税收措施。该措施可能会鼓励航空公司发展成"飞机型油轮",将影响货运市场,并鼓励乘客离开前往邻国。而如果乘客前往邻近国家以规避燃油税,则将进一步提高有害的航空排放。报告指出,航空公司承认,他们应该为他们的活动产生的环境成本负责,因此,航空公司反对的不是收费而是征税。最后,该报告指出,即使关于排放收费有普遍一致协议,各国收费水平也会有巨大差距。

(三)欧洲联盟

与以上普遍性国际组织最大的不同之处在于,欧盟是一个区域性组织,在国际航空排放全球法治构建问题上,它更多地体现为具有相同利益诉求的国家的联合体,因此,本书将其放在下面一节讨论。

第二节 国 家

在航空排放国际法治进程中,国家是最为基本和关键的主体,尽管讲"国际法治",但并不是"国际政府的法治"或"世界政府的法治",也不是"没有政府的法治",而是指普遍适用于整个国际社会的法治。由于国家仍然是当今国际社会和国际关系的基本主体,因此,在航空排放国际法治进程中,国际组织尽管承担着重要作用,但国家仍是最为基本的主体。① 不同国家利益集团之间的博弈最终影响和决定着航空排放国际法治未来的走向。

一、欧盟国家与非欧盟国家

欧洲议会于 2008 年通过 2008/101/EU 号指令,将抵达或离开欧盟成员国境

---

① 参见何志鹏:《国际法治:一个概念的界定》,载《政法论坛》2009 年第 4 期。

内机场的所有航班的碳排放纳入 EU ETS,此举遭到国际社会普遍质疑和反对,国际社会各主权国家在航空排放国际法治问题上形成了“欧盟国家”与“非欧盟国家”两大阵营。

(一)欧盟国家

尽管在环境问题上,欧盟成员国内部存在领先国(leader countries)与滞后国(lagged countries)的分歧,但在环境政策外部构建上,欧盟国家仍然具有整体性利益,会发出相同的声音。①

欧盟在气候变化法治进程中始终走在世界领先位置。欧盟于 2003 年出台温室气体排放交易体系(EU ETS),体系的核心为欧盟配额交易,配额总量为欧盟可以排放的温室气体总量。欧盟各国政府根据分配总量向各企业分发配额。如果企业在一定期限内没有使用完配额则可以出售;一旦企业的排放量超出分配的配额,就必须从没有用完配额的企业手中购买配额。随着欧盟每年缓慢减少可排放温室气体的总量,各国家以及企业竞相改变生产技术以减少气体排放,最终形成欧盟对二氧化碳排放量的控制。经过 10 余年的探索和发展,EU ETS 已经成为全球规模最大,也最为成功的碳交易市场,并且在未来许多年内,这种地位仍将保持下去。欧盟的气候变化政策,尤其是其碳排放交易制度,虽然存在诸多不够完善的方面,但其具有市场导向作用的灵活机制是其他措施难以替代的,该制度有效推动了欧盟低碳经济的发展。

欧盟 2008/101/EU 号指令建立在欧盟 2003 年排放交易指令基础之上,是欧盟一般工业企业碳排放交易制度的组成部分。抛开欧盟强力推行该指令可能存

① 截至 2010 年 1 月 22 日,欧盟成员国数量是 27 个国家:英国、法国、德国、意大利、荷兰、比利时、卢森堡、丹麦、爱尔兰、希腊、葡萄牙、西班牙、奥地利、瑞典、芬兰、马耳他、塞浦路斯、波兰、匈牙利、捷克、斯洛伐克、斯洛文尼亚、爱沙尼亚、拉脱维亚、立陶宛、罗马尼亚、保加利亚。领先国通常是指那些国内政治受绿党和环保组织影响较大、国内环保法规比欧盟的法规相对更加严格、往往在欧盟制定环境政策过程中发挥积极作用、推动环保政策向前发展的国家,如德国、丹麦、荷兰等国;滞后国是指那些环境措施相对较弱、不太情愿接受更严格的环保措施、基本上按照欧盟环境法规实行国内环境立法的国家,主要指希腊、意大利、西班牙、葡萄牙、爱尔兰、比利时及原东欧各国。王前军:《国际环境合作问题分析》,中国环境科学出版社 2007 年版,第 85 页。

在的“野心”“阴谋”不论，欧盟建立的航空碳排放交易制度是其履行国际减排义务的具体体现，其立法宗旨在于履行 UNFCCC 及《京都议定书》所规定的义务和国际民航组织 2004 年以来倡导的民用航空器减排目标，是将多边国际条约中欧盟减排义务的原则规定通过欧盟区域性立法加以贯彻实施。[①] 尽管欧盟航空碳排放交易的制度设计因地理适用范围不适当扩张等固有缺陷，遭到国际社会普遍质疑和反对，但其也客观上促使国际社会对航空排放问题有了更多的关注、讨论、研究和思考，成为国际航空碳排放全球法治构建的直接“诱因”，欧盟也因此积累了较为丰富的经验并形成单独的“欧盟阵营”。毫无疑问，“欧盟阵营”在未来国际航空碳排放全球法治的构建中仍然会发挥“先锋”作用。

在国际航空碳排放全球法治的构建上，欧盟国家并不反对而是“全力支持”全球航空碳排放协议的达成。但作为气候变化全球法治的领跑者，他们对于此领域的法治进程有着“特别高”的期待，这可以从欧盟对国际民航组织相关工作的评价以及一些公开言论中窥见一斑。国际民航组织尽管在减少和控制航空排放方面做了大量工作，但在欧盟看来，国际民航组织的工作并不令其满意。欧盟认为，由于国际民航组织一直不能拿出控制航空排放的有效办法，欧盟才不得不通过法案将航空排放纳入其碳排放交易体系。欧盟委员会表示，如果国际民航组织或者其他某个国家可以证明已经找到了一个可行的替代欧盟的方案，欧盟则会停止将所有的航班纳入其碳排放交易体系。[②]

此前，欧盟气候行动司司长德贝克（Jos Delbeke）的言论则更为具体和清楚地表达了欧盟的“条件”。他表示，可以建议“有条件的暂停”航空碳税新法规部分内容，前提是未来建立的全球气候保护体系都应胜过目前仅适用于欧盟的体系，全球体系还必须对所有航空公司一视同仁，并设立短期降低排放的目标。[③] 细加

---

① 参见胡晓红：《欧盟航空碳排放交易制度及其启示》，载《法商研究》2011 年第 5 期。

② 参见刘冰洋编译：《欧盟委员会全力支持推出全球碳排放解决方案》，载民航资源网：http://news.carnoc.com/list/228/228227.html，最后访问日期：2018 年 6 月 13 日。

③ 参见李娟玲、黄锐：《航空碳税问题欧盟口气软化》，载新京报网：http://epaper.bjnews.com.cn/html/2012-02/09/content_316001.htm? div=-1，最后访问日期：2014 年 2 月 9 日。

分析,德贝克的言论包含三个关键点:第一,国际航空碳排放全球法治的标准问题,欧盟拟将“欧盟标准”作为重要参照系,把其现行的区域性航空碳排放交易法案国际化、全球化;第二,国际航空碳排放全球法治的原则问题,“所有航空公司一视同仁”意味着欧盟意图在航空排放的国际控制上抛弃或者绕开国际环境法中的“共同但有区别的责任”原则;第三,国际航空碳排放全球法治的时间表问题,“设立短期降低排放的目标”。实际上,也正是因为国际民用航空组织于2016年第39届大会上所建立的国际航空碳抵消与减排计划,欧盟才决定暂停适用其碳交易措施,并开展相应的审议工作促使EU ETS与CORSIA抵消计划保持一致。

(二)非欧盟国家

在欧盟推出航空碳排放交易计划之后,各主要非欧盟国家即通过各种场合和方式表示反对和抗议,并探讨解决问题的办法,在此基础上形成了非欧盟国家阵营。非欧盟国家阵营在反击欧盟航空碳排放交易制度过程中已形成三波反对浪潮。

1. 第一波:《新德里共同声明》

2011年9月27日,印度新德里举行21国会议(阿根廷、巴西、智利、中国、哥伦比亚、古巴、埃及、印度、日本、韩国、马来西亚、墨西哥、尼日利亚、巴拉圭、卡塔尔、俄罗斯、沙特、新加坡、南非、美国和阿联酋),70多位政府代表参加,发表了《新德里共同声明》。《新德里共同声明》指出,“反对欧盟将非欧盟成员国承运人抵达/离开欧盟成员国境内机场的所有航班纳入其排放交易系统计划中,这不符合国际法”;“敦促欧盟及其成员国将非欧盟成员国承运人抵达/离开欧盟成员国境内机场的航班从欧盟ETS中分离出来”。

2. 第二波:《莫斯科宣言》

2012年2月22日下午,32个国际民航组织非欧盟成员国结束在莫斯科就欧盟将航空纳入碳排放交易体系展开的为期两天的磋商会议。会议起草并通过了《莫斯科宣言》,中国、美国、俄罗斯、日本、印度、巴西、韩国、新加坡、南非、亚美利亚、阿根廷、白俄罗斯、智利、泰国、古巴、喀麦隆、危地马拉共和国、墨西哥、尼日利亚、巴拉圭、沙特阿拉伯、塞舌尔、乌干达等23个国家签署。参会国家对宣言和一揽子应对措施的内容达成一致，要求欧盟停止单边行动回到多边框架下解决，会议达到了预期的目的。包含8条内容的“一揽子”“反制措施”已经制定，其中包括了禁止本国航空公司参加欧盟的碳交易计划；停止就新航线和降落权与欧洲航空运营商举行会谈；要求欧洲航空公司提交相应的飞行数据；对欧洲航空公司征收额外费用；采取一系列的游说措施，与欧盟成员国如荷兰、法国、德国的航空运营商单独举行会谈等。①

3. 第三波：华盛顿会议

2012年7月31日至8月1日，美国及其他16国相聚华盛顿，共同商讨国际民航组织之下的解决国际航空碳排放的全球协议。在会上17国再次重申将继续强烈反对欧盟侵犯非欧盟国家主权、反对欧盟单方面将国际航空纳入其碳排放交易计划。除“东道主”美国外，此次会议还得到了来自其他16个主要非欧盟国家的支持与参与。其中包括中国、俄罗斯、南非、澳大利亚、巴西、加拿大、印度、日本、韩国、沙特阿拉伯、阿联酋、智利、新加坡、墨西哥、尼日利亚、柬埔寨。在会上，各国再次重申此前的对欧盟航空碳税的观点，但并没有产生任何新的宣言。17个非欧盟国家的政府同意国际民航组织大会2010年号决议所设定的各项目标，其中包括从2020年起实现碳中和增长等。②

“非欧盟国家阵营”是在反对欧盟航空碳排放交易制度的过程中逐渐形成的较为松散的阵营，包括了如美国、日本、澳大利亚等非欧盟成员国的发达国家和中国、印度、巴西等发展中国家，他们在取消或推迟欧盟航空碳排放交易制度、促进欧盟成员国同ICAO合作、找寻一条多边路径来解决国际民用航空碳排放问题等方面，具有一定共识。可以预见，在今后较长一段时间内反击欧盟单边航空排放交易措施的斗争中，这一阵营会较为稳固并可能进一步扩大或加强。但是，值得

① 参见赵川：《23国联合宣言：8条措施反制欧盟航空碳税》，载新浪财经网：http://finance.sina.com.cn/roll/20120228/003611464751.shtml，最后访问日期：2014年2月28日。

② 同上。

注意的是,虽然美国等发达国家能够与发展中国家站在同一个阵营反对欧盟的单边举措,这对于中国、印度等发展中国家是一个好事,但美国等发达国家的做法考虑的是他们的利益而不是发展中国家的利益,在未来国际航空碳排放全球法治进程中,这一松散的阵营极有可能由于对“共同但有区别责任”、国际航空碳排放全球法治构建路线图等有着不同的理解和诉求而发生分化。

二、发达国家与发展中国家

在以往的气候变化全球法治谈判进程中,大致可分为欧盟、伞形集团、77 国集团加中国、小岛国联盟、石油输出国组织等阵营。各阵营的分歧既包括不同国家利益集团之间的矛盾,也包括各利益集团内部的矛盾,但矛盾的主线是发达国家和发展中国家的矛盾。在国际航空碳排放全球法治构建中,发达国家和发展中国家围绕“共同但有区别的责任”“发展中国家航空发展权”等产生的矛盾更为棘手和复杂。

(一)发达国家

欧盟国家在以往的气候谈判中对于发达国家和发展中国家承担“共同但有区别的责任”一直持较为灵活的态度,《京都议定书》也体现和贯彻了这一原则,但是,这一原则正受到越来越大的考验而且并不必然能够体现在航空排放领域。欧盟委员会于 2008 年开始对欧盟排放交易计划进行影响深远的修订,此次修订的重要转变是欧盟排放空间的分配从以往的国家分配计划转向企业分配计划,欧盟气候决策制定的权力也由分权给各成员国转向收紧到欧盟层面。[1] 欧盟的这种制度性转变扩展至航空业,致使欧盟不必将航空排放配额按国家进行分配,而可以由欧盟直接将航空排放配额分配给各航空公司,这样就绕开了各国家的利益纠葛,实现欧盟对航空排放更为有效的管控。这一转变更为重要的意义在于,欧盟排放交易计划将直接面向航空企业,无论是“欧盟航空企业”还是“非欧盟航空企业”,无论是“发展中国家航空企业”还是“发达国家航空企业”,在承担航空减排

① 参见[荷]迈克尔·福尔、麦金·皮特斯主编:《气候变化与欧洲排放交易:理论与实践》,鞠美庭等译,化学工业出版社 2011 年版,第 19 页。

责任上“一视同仁”就具有了一定的正当性。对此，英国气候变化特命大使艾士诚（John Ashton）曾说，世界上虽然有“发展中国家”的说法，但没有“发展中航空公司”的概念。① 在欧盟航空排放的制度设计中，不以国家为单位分配排放配额，国家只承担管理职责，“共同但有区别的责任”原则就这样被有意无意地绕开了。

欧盟的这种观点，实际上在其向 ICAO 提交的表示自愿参加 CORSIA 抵消计划 2021～2023 年试行阶段和 2024～2026 年第一阶段的 A39－WP/414 声明中也可以看出，欧盟国家认为，全球航空减排市场措施计划对稳定国际航空排放具有积极意义，欧盟将坚决支持全球航空减排市场措施使国际航空的二氧化碳净排放量保持在 2020 年的水平。只要该抵消计划所设立的自愿阶段是有限的且能够涵盖整个计划，随着时间的推移能够满足 2020 年实现碳中和增长的目标。欧洲国家认为在 ICAO 的全球航空减排市场措施计划中，必须明确关键要素：首先，该计划必须是一个真正的全球机制，即拥有一个所有国家都同意的共同标准，成员国的行为都将通过一致的非歧视方式实施；其次，全球航空减排市场措施计划必须有效的实现气候目标，欧盟认为虽然应考虑“特殊国情和各自的能力”，但是 CORSIA 所采取的自愿参与的方式以及大量的豁免，将一部分重要排放种类排除在全球航空减排市场措施计划的覆盖范围之外，造成的减排空白都应该尽快解决，以确保总体气候目标的实现和全球航空减排市场措施计划的可行性。欧盟进一步提出，在 ICAO 的全球航空减排市场措施计划中所给予的豁免若不按照具体情形的变化而进行调整则可能对市场造成严重扭曲。基于此可将收费吨公里作为界定标准，任何一个国家若是达到规定的收费吨公里标准都将毫无例外地列入该计划。② 最后，欧盟还就减排计划实施的长期性与涵盖部门的广泛性提出了有针对性的意见，认为应在确保减排计划长期发挥制约效力的同时，将所有部门包含在内，以最大程度实现减排目标。不难看出，欧盟对 ICAO 全球航空减排市场

① 参见陆振华：《英国气候变化大使：航空排放税争端不是不可解决》，载 21 世纪网：http://www.21cbh.com/HTML/2012－5－3/zNMDY5XzQyNzYzNw.html，最后访问日期：2014 年 5 月 28 日。

② See ICAO, "International Civil Aviation Organization, Working Paper, Assembly — 39th Session", Accessed July 22, 2019. https://www.icao.int/Meetings/a39/Documents/WP/wp_414_en.pdf.

措施计划的建议风格延续了EU ETS的要求模式,刻意强调CORSIA措施的统一化和标准化。①

虽然,以美国为代表的非欧盟发达国家对于欧盟单方面推出航空排放交易计划十分抵制,特别是美国集结各非欧盟国家包括发展中大国形成了"非欧盟国家阵营",但是,美国此举考虑的是美国利益及美国在减排相关国际谈判中的主导权,而非发展中国家的利益。美国在反对欧盟减排计划的同时,也进一步强化了美国的立场,那就是美国不会加入地区性或单边的温室气体减排框架,只有当全球其他主要排放国都加入的情况下,美国才会进一步考虑承担减排义务的可能。② 美国的立场显然对中印等发展中大国有针对性。在气候谈判历史上,美国就因不愿承认"有区别的责任"而未批准《京都议定书》,在过去几年的谈判中,包括美国在内的一些发达国家一直试图抛开《京都议定书》,另起炉灶,以达到让发展中国家也参与强制减排的目的。在对待"共同但有区别的责任"原则上,美国有着比欧盟更强硬的态度,这一态度极有可能使美欧在未来的国际航空碳排放全球法治中走到一起,共同对发展中国家施压。2011年德班气候变化大会中,美国最终的立场取向就基本与欧盟一致:同意启动2020年后全球统一协议的谈判进程和绿色气候基金。③ 甚至为了避免承担"有区别的减排责任"、维护本国的"经济至上主义",美国总统特朗普不惜退出《巴黎协定》。可见,发达国家阵营虽然有各自的目标,但在要求发展中大国承担减排责任方面是比较一致的。

具体到航空减排领域,"共同但有区别的责任"呈现特殊的复杂性。航空领域是国际社会首个意图通过行业措施实现减排的领域,与一般工业排放不同,一条国际航线的碳排放足迹会分处不同国家领空以及公海上空,将国际航空碳排放

---

① 参见陈贻健:《共同但有区别责任原则的演变及我国的应对——以后京都进程为视角》,载《法商研究》2013年第4期。

② 参见李志青:《美国因何反对欧盟航空碳税》,载搜狐网:http://lizhiqingsh. i. sohu. com/blog/view/230888129. htm,最后访问日期:2014年8月3日。

③ 参见海芹:《德班气候大会后中国的应对之策》,载中国社会科学网:http://www. cssn. cn/news/498215. htm,最后访问日期:2014年6月18日。

算到何国的账单之内,各国怎样承担责任是个难题。UNFCCC 的附属机构讨论过这个问题但没有得到解决,《京都议定书》将这个问题交由国际民航组织解决,国际民航组织 A37 – 19 号决议明确,"在 2020 年之前,实现全球年平均燃油效率改进 2%,以及从 2021 年至 2050 年,实现全球年平均燃油效率改进 2% 的理想目标不对单个国家分配具体义务,发展中国家和发达国家的不同情况、各自能力和航空排放进入大气的温室气体浓度的数量,将决定每一个国家如何能自愿帮助达成全球理想目标"。因此,国际民用航空组织在其所构建的 CORSIA 抵消计划中,就充分地考虑了发展中国家与发达国家的不同发展状况,设立了试行阶段与第一阶段以供缔约国自愿决定参加与否,第二阶段又针对最不发达国家、小岛屿发展中国家及内陆发展中国家设立了豁免制度。但各缔约国具体减排责任的分配方式,责任类型与责任划分现阶段还没有统一的规则进行公布。ICAO 要求各成员国的排放监测计划由各航空运营人先提交至其所在国家进行批准,国家审查批准后再提交至 ICAO 设立的二氧化碳监测和报告系统。可见,ICAO 已经尽可能地平衡发达国家与发展中国家之间的减排利益了:通过设置自愿参加的过渡阶段尽可能减少对发展中国家国内经济的扭曲,通过在第二阶段规定统一的适用标准来支持发达国家所主张的"无歧视的统一适用"原则。虽然减排责任的具体分配规则尚未公布,但为了确保航空发达国家的积极参与,发展中国家的"有区别的责任"目的也不会完全实现甚至将会很难实现。此外,航空业作为行业整体减排的这一特点还会产生辐射和连锁效应,对国际航海、国际贸易等的温室气体排放控制产生影响,这可能会进一步压缩"区别责任"适用的空间和领域。将某一行业单独作为一个单元实行行业整体减排,绕开或者说消解了"共同但有区别的责任"原则,这是欧美等发达国家努力意图实现的,却是发展中国家坚决反对的。

(二)发展中国家

尽管发展中国家的国情和所处环境有所差异,但发展中国家谋求发展的长远根本利益是一致的。在气候变化谈判中,发展中国家一直具有较为一致的立场。气候变化问题主要是发达国家在工业化过程中不节制排放温室气体产生的后果,发达国家负有历史责任,且其拥有先进的技术和雄厚的资金,应优先为温室气体减排做出贡献并承担主要责任;发展中国家历史排放量少,且当前还担负着发展经济、改善民生、保护环境等一系列任务,不可能与发达国家承担相同的责任,这是“共同但有区别的责任”原则得以确立的基础,也是发展中国家在气候议题上联合对抗发达国家的主要依据。目前,这一基础并未发生根本改变,“共同但有区别责任”原则依然是国际环境治理领域普遍遵循的基本原则,对该原则的遵循对于维护广大发展中国家的整体利益依然具有重要意义。

“共同但有区别责任”原则为《气变公约》所确立,并在《京都议定书》中得到具体体现,对于公约和议定书的成员方欧盟而言是有法律约束力的。按照《京都议定书》,发展中国家不需要承担强制减排的义务。然而,欧盟 ETS 指令却无所顾忌地将不需要承担强制减排义务的发展中国家的航空公司纳入其强制减排机制,意图挤压发展中国家减排豁免的空间。在欧盟的 ETS 制度设计中,发展中国家的航空公司不仅需要承担强制减排的义务,而且需要“一视同仁”地与发达国家的航空公司承担相同的减排义务,只有“共同责任”的体现,却没有任何条款体现了“区别责任”。欧盟的做法激起了中印等发展中国家的强烈抗议。印度民航部长阿吉特·辛格(Ajit Singh)明确表示,欧盟将其规则强加给印度企业是不可接受的。他说:“(欧盟)是一个主权国家联盟,这些国家可以为自身制定法律,但是不能为全世界制定法律。如果你允许这样做,紧接着它们就会对航运或水泥行业开征碳排放税。”①

如果国际航空排放全球法治是一个不可避免的进程,那么,发展中国家需要考虑的是在未来国际航空排放全球法治构建的斗争中“共同但有区别责任”原则是否还有遵循的基础?是否真的可能被绕开?实际上,航空运输行业与其他行业从发展进度和排放历史责任角度来讲,没有太大的区别,仍然是发达国家航空业在过去的数十年间获得了优先发展而且不加节制地向空气空间排放温室气体,发

① 《印度警告欧盟放弃航空碳税》,转搜狐网:http://news.sohu.com/20120525/n344049434.shtml,最后访问日期:2018 年 5 年 25 日。

展中国家航空业历史排放量少，最近几年才开始快速发展，目前尚处在高增长期。根据 ICAO 的客流统计，2000 ~ 2010 年欧洲航空的年均增长率为 5.1%，预计 2011 ~ 2013 年增长率低于 4%，而亚洲太平洋地区 2000 ~ 2010 年均增长率 5.8%，预计 2011 ~ 2013 年增长率将会上升到 8% 以上。① 发达国家航空业已走过了快速增长的时期，现阶段谈论对航空排放的控制主要限制的是发展中国家航空业的未来发展空间，如果不顾历史事实及不同国家的能力和需要苛求发展中国家在航空减排上承担与发达国家相同的责任，这对于发展中国家而言是不公平的。在国际航空排放全球法治构建上，发达国家航空排放历史责任的承担、发展中国家航空发展权的维护仍然是发展中国家的基本诉求，而最能够体现这些诉求的仍然是坚持"共同但有区别责任"原则。因此，"共同但有区别责任"原则在航空减排多边框架中依然有遵循的基础和必要，并非欧盟通过行业减排单边立法即能轻易绕开。例如，在代表发展中国家利益的印度尼西亚在向 ICAO 提交的表示其自愿参加 CORSIA 试行阶段和第一阶段的声明文件 A39 - WP/211 中表示：十分赞同抵消计划的阶段性设计。印度尼西亚认为，除了发达经济体应积极加入外，其他国家可以根据自己的发展情况进行决定，同时也认可对于部分国家的豁免规定。

值得注意的是，在发展中国家阵营中尽管同为发展中国家，同样需要寻求经济发展的空间，但在气候变化问题上发展中小国、小岛屿国家和最不发达国家与新兴发展中大国之间的诉求并不完全相同，已经出现分裂甚至完全对立的局面。在 2011 年德班气候变化大会上，发展中小国、小岛屿国家和最不发达国家就站到了欧盟的立场上，要求中国等国家接受强制性减排协议，这些国家特别强调他们的利益目标和新兴发展中大国不一致。小岛国联盟由于在气候问题上面临灭顶之灾，所以要求实施最为严厉的全面减排措施；而"77 国集团 + 中国"中的最不发达国家也由于自身没有能力应对气候变化带来的灾难，因此也要求实施全面的减

① See ICAO, "Medium-Term Passenger Traffic Forecasts, 2012.", Accessed May 20, 2015. http://www.icao.int/sustainability/pages/eap_fp_forecastmed.aspx.

排措施，于是小岛国联盟联合最不发达国家一齐向新兴国家施压，中国、印度等新兴国家压力倍增。[①] 在航空排放国际法律框架的构建过程中，发展中国家阵营亦可能发生分裂。发展中小国航空业发展能力和需求空间有限，本国航空公司航班数量少、载运量低、排放量小，极有可能在未来由于发达国家的拉拢，存在与新兴发展中大国分裂的可能。[②] 新兴发展中大国，以基础 4 国（中国、印度、巴西和南非）为代表，其成员和航空业在发展中国家和世界上有着重要影响，在国际航空排放全球法治的构建中，可能表现出很高的协调性和一致性。

第三节 非政府间国际组织

非政府间国际组织作为一支推动国际社会关系民主化的重要力量，它在协调各国之间的利益冲突及国家利益与全人类利益之间的矛盾方面发挥着重要作用，被称为“国际法律秩序中的第三种力量”。[③] 在全球环境治理中，非政府间国际组织的积极参与提供了专门知识、谈判信息、履约信息、政治压力和声誉压力，帮助克服了政府、企业和国际制度的激励不足和信息不对称，影响和改变了环境领域的国家偏好、观念认知、身份认同和利益计算，促进了国际环境法律与承诺的达成，改善了国际环境法律与承诺的履行。[④]

一、国际航协

国际航协 2009 年 9 月 22 日在纽约举行的联合国气候变化大会上，向各国首脑提交了航空业的气候变化建议书，这次大会是作为 12 月的哥本哈根联合国气

① “德班会议之后，京都议定书模式实际上走到了尽头，谈判实质转变成排放大国之间的政治博弈。”于宏源：《气候变化谈判转向》，载价值中国网：http://www.chinavalue.net/Media/Article.aspx?ArticleId=88644.，最后访问日期：2014 年 2 月 13 日。

② 例如，欧盟委员会就指出，欧洲排放交易计划并没有强加给发展中国家不公平的待遇，欧盟和美国航班制造了往返欧洲航班排放总量的 75%，在 192 个国际民航组织成员国中，98 个可以得到近乎免税的待遇。

③ 黄志雄：《非政府组织：国际法律秩序中的第三种力量》，载《法学研究》2003 年第 4 期。

④ 参见王彦志：《非政府组织参与全球环境治理——一个国际法学与国际关系理论的跨学科视角》，载《当代法学》2012 年第 1 期。

候变化框架公约（UNFCCC）会议的前期准备。建议书向世界各国首脑呼吁，应在国际民航组织的领导下，通过与国际航协的共同合作，在减少航空业碳排放方面达致一个全球性的行业解决方案。①

2009 年 10 月，国际航协理事长乔瓦尼·比西尼亚尼（Giovanni Bisignani）在联合国纽约总部会晤联合国秘书长潘基文时，向其介绍了航空业在气候变化方面的策略和目标。比西尼亚尼代表整个航空业（包括航空公司、机场、导航服务供应商和制造商），介绍了全球一致的气候变化做法。为解决气候变化问题，航空业制定了四大支柱战略，即技术、运作、基础设施和积极的经济措施。国际航协向国际民航组织（ICAO）提出了三大承诺目标：

1. 到 2020 年，每年燃效提高 1.5%；

2. 从 2020 年起，通过碳中和增长，稳定碳排放量；

3. 在 2050 年，碳的净排放量比 2005 年减少 50%。

比西尼亚尼说："我向秘书长承诺，航空业对气候变化问题是负责任的。相比其他的监管机构的做法，我们连同所有的伙伴提出的策略和目标更为清晰、严格。我们希望可以通过联合国框架来实现这些目标。长久以来，我们与联合国机构的合作均能达到良好的效果，通过与国际民航组织的合作，让航空业成为最安全的出行方式。而通过政府的支持，我们则可以将航空业设为一个典范，通过行业与联合国的协同合作方式来解决气候变化问题。"②时任联合国秘书长潘基文盛赞航空业的承诺，在全球范围内解决气候变化问题，并鼓励行业通过具体行动实现目标。他强调，如果全世界希望达到减少一定量的全球温室气体排放目标，以避免气候变化问题时，处理国际航空和海运的排放议题则是非常重要。③

航空业全球性解决方案的三大要素包括：（1）航空业的碳排放发生在全球的

① IATA：《国际航协向各国首脑提交航空气候变化建议书》，载民航资源网：http://finance.ifeng.com/air/hkxw/20090924/1277821.shtml.，最后访问日期：2018 年 10 月 24 日。

② 《航空业向联合国展示航空业气候变化规划》，载国际能源网：http://www.in-en.com/article/html/energy_0923092342479927.html.，最后访问日期：2018 年 10 月 15 日。

③ 同上。

范围，而不是在独自的国家或区域；(2)航空业的排放应方便统计，同时仅需单次付费；(3)在具备相关技术可最终解决问题前，行业应可自由进入全球碳市场，以抵消排放量。

2012年6月，在国际航协年会上，刚上任11个月的国际航协理事长汤彦麟再次强调他对EU ETS的反对态度。“欧盟单方面提出的EU ETS不能推动航空业碳排放量的统一降低，反而是一个引发争端、妨碍真正进步的障碍”。他认为，应该在多方达成共识的前提下，采取全球协调一致的措施，而不是各自为政，因为这存在着爆发贸易战的风险。[①]“真正的解决方法只能是在2013年国际民航组织大会上达成一项全球协议”。汤彦麟认为，大家需要的是一个全球认可的方案，涵盖技术、运营和基础设施等领域，而且还需要采取积极的市场措施，包括欧盟在内各方都要统一。但欧盟似乎更愿意执行自己单边的碳排放交易计划，而非达成一份多边协议。“我们希望能说服欧洲合作”，“据我了解，欧盟依然坚持实施EU ETS”。汤彦麟指出，中国政府禁止航空公司加入EU ETS的做法将能起到很好的制约作用，“我认为中国政府的措施是强有力的”。他始终认为，2013年国际民航组织大会将是解决问题的最佳时机。

IATA正在制定全球统一的市场措施，包括强制抵消航空碳排放、全球性的、基于“基础与配额”的碳排放交易计划。这些措施由专家组提出，然后交给国际民航组织理事会审查，将在2013年秋季召开的ICAO大会上达成最终协议。

基于此，在ICAO第39届大会A39－2项决议中确认：“处理国际航空温室气体排放需要国家和业界的积极参加和合作，并注意到……国际航空运输协会(IATA)……代表国际航空运输业宣布的集体承诺。”[②]IATA还专门针对CORSIA抵消计划公布了一份适用手册，便于国际航空运营人更好地理解与适用ICAO的CORSIA抵消计划。在这份《关于CORSIA的航空公司适用手册》中，IATA表示：

---

① 参见何颖思：《国际航协：应该用全球协议替代欧盟碳税》，载新浪财经网：http://finance.sina.com.cn/chanjing/cyxw/20120612/080412287322.shtml，最后访问日期：2019年6月12日。

② 国际民航组织A39－2项决议：国际民航组织关于环境保护的持续政策和做法的综合声明——气候变化，第Ⅰ－73页。

如果有国家想要寻求适用不同于 CORSIA 的减排计划，那么我们认为这会损害《附件 16》第Ⅳ卷的规定，不利于形成一个统一、完整的减排机制。①

二、国际商会

国际商会（International Chamber of Commerce，ICC）是世界上重要的民间经贸组织之一，成立于 1919 年，总部在巴黎。国际商会在 1996 年 5 月题为《国际航空税：商务旅行者的观点》的报告中，国际商会认为航空公司“税负担日益加重”。在该文中，国际商会指出，在 200 个国家的航空公司共有超过 650 种税，从上船税到政府关注的，如移民、安全、农产品检验等，其中许多不幸被视为基于宗教或革命运动等政治目的或原因。国际商会更愿意看到税收收入能够用于改善航空运输基础设施。

关于航空运输环境税，国际商会讨论了“国际航空运输税”，更恰当的称呼为“航空运输环境使用费”。采用“费”的概念，是为了适用“污染者付费”原则，促使污染成本内部化。这种费将会鼓励对环境无害的飞机发动机的开发，产生的收入可以资助可持续发展。就“国际航空运输税”而言，目前没有“全球税”，国家在税收征管方面发挥主权作用。有人建议，国际航空运输协会或国际民航组织在管理“全球税”这样一个系统方面可以发挥一定作用。但国际商会认为，作为“国际航空运输税”的替代，可能更务实的做法是寻求国内环境税的协调与各国政府捐献一定收入设立全球基金，例如，全球环境基金，解决环境问题。报告最后提出六项建议，其中明确反对征收国际航空运输税。

此外，2009 年成立的“航空业界联盟”（Aviation Global Deal Group）②于中国香港特别行政区举行首次亚太区会议后发表联合公告，呼吁为业界设立务实、公平及有效的全球政策方案。签署公告的业界代表认为，新的环球气候协议中有关航空业的条款应具备以下几点：（1）真正有效推动环保；（2）合乎运作及经济效

---

① IATA，An Airline Handbook on CORSIA，preface，2018，p. 2.

② 航空业界联盟旨在配合联合国国际民用航空组织的工作，并争取其他国际航空公司、业界以及环保团体的支持，成员包括法国航空、荷兰航空、英国航空、国泰航空、维珍航空以及英国机场集团。

益;(3)有效维持航空公司的竞争力,避免扭曲市场运作;(4)反映联合国就气候变化所制定的基本原则,即发达国家和发展中国家均须承担“共同而有区别的责任”;(5)让业界履行减排责任,平衡社会及经济利益,致力为气候变化达成共同的环保目标;(6)配合联合国国际民用航空组织下属的国际航空和气候变化小组工作及国际航空运输协会的减排策略。①

“气候组织”(Climate Group)②支持“航空业界联盟”的工作并参与起草了该宣言。气候组织全球总裁史蒂夫·霍华德(Steve Howard)表示:“经济体系中各范畴均须为气候变化问题尽力,在制定成功的国际气候政策方面,航空业的角色举足轻重。成立航空业界联盟是协助各国就航空业国际碳排放达成有效环保协议的里程碑。”③

---

① 参见《四大航空公司呼吁制定全球方案解决航空碳排放》,载中国民用航空网:http://www.ccaonline.cn/news/item/23938.html,最后访问日期:2015年2月13日。

② 气候组织是一家国际性非营利机构,专门与政府及商界合作,解决有关全球气候协议的政治问题。

③ 《四大航空公司呼吁制定全球方案解决航空碳排放》,载中国民用航空网:http://www.ccaonline.cn/news/item/23938.html,最后访问日期:2015年2月13日。

第五章　航空排放国际法治:现有基础

尽管其他国际组织曾涉及对航空排放问题的讨论,但航空排放的国际法治长期以来主要由国际民航组织推动。国际民航组织自 20 世纪 60 年代末以来,对航空环境问题给予了持续关注,并且做了大量工作。1977 年国际民航组织成立航空器发动机排放委员会,1983 年航空器发动机排放委员会和航空器噪声委员会合并设立航空环境保护委员会(Committee on Aviation Environmental Protection, CAEP)负责有关民用航空环境保护问题,并由该委员会向大会和理事会提供咨询和建议,该委员会的成员由航空和环境领域的专家组成。国际民航组织及其附属机构通过公约附件、大会决议、宣言、建议、声明、行动计划等推动航空排放国际规则的形成,内容上涵盖航空减排的目标、措施、行动方案和报告制度等各个方面。

第一节　航空排放国际法治的目标设定

国际民航组织设定有航空环境保护宏观总体目标、航空氮氧化物等污染物排放控制目标、航空温室气体排放控制目标,形成了一个相互联系和支撑的体系。目前,航空环境保护总体目标、航空氮氧化物等污染物排放目标的设定没有太大分歧,得到会员国认可和接受。但是,航空温室气体排放目标的设定,特别是航空碳中和增长目标的确定,国际社会仍存在很大分歧。

一、航空环境保护总体目标的设定

国际民航组织于 2004 年确定了航空环境保护的总体目标,该目标在国际民航组织相关文件中均有体现并不断重申，在 2010 年国际民航组织通过的 A37 – 18 号大会决议中继续明确强调，并在 A38 – 17 及 A39 – 1 号决议中进行重申：

“国际民航组织与其缔约国将力求：

1. 限制或减少受航空器噪声严重影响的人数；

2. 限制或减少航空排放对当地空气质量的影响；

3. 限制或减少航空温室气体排放对全球气候变化的影响。”①

国际民航组织将航空减排作为航空环境保护总体目标的重要内容，目标的制定侧重于考虑航空对环境的整体性影响。在航空环境保护方面，既关注航空排放问题，也关注航空噪声问题；在航空排放方面，既关注航空有害气体排放对当地空气质量的影响，也关注航空温室气体高空排放对全球气候变化的影响。这三大航空环境保护目标之间具有公认的相互依存性，不能割裂开来仅追求某一单一目标的实现，航空噪声的减少会使航空排放增加，航空二氧化碳排放的减少可能会使航空氮氧化物排放增加。因此，在制定航空排放相关政策措施时需对这三大环境目标综合考虑，这也是航空排放问题交由国际民航组织规管的优势所在。

国际民航组织设定的这三大航空环境保护目标，范围较全面、定位较灵活，该目标纳入国际民航组织大会决议后，得到了会员国认可，没有引发会员国不满及对决议中该条款提出保留的现象。

二、航空氮氧化物等排放目标的设定

国际民航组织理事会于 2010 年 5 月通过了关于减少航空器发动机氮氧化物的中期（2016 年）和长期（2026 年）技术目标，同时在降低航空器燃油消耗的技术和运行目标方面，正在取得重大进展。氮氧化物减排技术的独立专家审查于 2006 年完成，于 2010 年 2 月召开的 CAEP 第八次会议上更新。独立专家小组决定维持 2006 年确立的目标。

国际民航组织之所以设定氮氧化物中期和长期减排的技术目标，是由于近几

---

① 国际民航组织：A37 – 18 号决议附录 A 第 1 条。

十年来航空排放影响当地空气质量的许多污染物,例如,煤烟和未燃烧的碳氢化合物,已大量减少,但评估显示,航空排放的氮氧化物、微粒物和其他气体的全球排放值却在增加。因此,最近几年国际民航组织加大了对氮氧化物减排目标的设定。对于航空微粒物排放,由于目前对非挥发性微粒物的科学研究比挥发性颗粒物更为先进,因此,国际民航组织已同意把重点放在非挥发性微粒物上,将于2013 年和 2016 年确立相关减排目标和标准。

国际民航组织 2010 年 A37－18 号大会决议的附录 B“与环境质量有关的标准、建议措施和/或指导材料的制定”第 5 条表明,“欢迎理事会于 2010 年 5 月通过了关于减少航空器噪声和发动机氮氧化物的中期和长期技术目标”;第 6 条写道,“要求理事会在本组织其他机构和其他国际组织的协助与合作下……制定有关航空器燃油燃烧的中期和长期技术目标和运行目标”;2013 年 A38－17 号大会决议的附录 B 第 5 条表明,“要求理事会在本组织其他机构和其他国际组织的协助和合作下,继续大力推进有关处理航空对环境影响的标准、建议措施及程序和/或指导材料的制定工作”;第 6 条写道,“欢迎理事会于 2013 年 6 月通过减少航空器噪声……以及降低燃油消耗的技术和运行目标”;2016 年 A39－1 号大会决议的附录 B 第 8 条表示:“要求理事会在本组织其他机构和其他国际组织和协助和合作下,继续大力推进有关处理航空对环境影响的标准、建议措施及程序和/或指导材料的制定工作。”可以看出,国际民航组织对于航空氮氧化物等污染物减排目标的设定具有较强的针对性、计划性,建立在严谨的科学研究和技术评估基础之上。由于航空氮氧化物等排放目标的实现主要通过技术性手段,没有太多政治、经济因素干扰,因此,国际民航组织设定的航空氮氧化物等排放目标得到了会员国接受。

三、航空温室气体排放目标的设定

在航空温室气体排放的目标设定方面,国际民航组织注意到全球平均气温上升与工业化前的水平相比不得超过 2 摄氏度的科学观点以及《气变公约》的最终目标是将大气中温室气体的浓度稳定在防止气候系统受到危险的人为干扰的水平。加之,《京都议定书》呼吁发达国家(附件一所列缔约方)通过国际民航组织谋求限制或减少“航空舱载燃料”(国际航空)产生的温室气体排放。因此,国际民航组织确定了国际航空温室气体的排放目标。

在国际航空温室气体排放方面,2010 年国际民航组织以大会决议形式提出了集体中期(2050 年)全球理想目标:

1. 在 2020 年之前,实现全球年平均燃油效率改进 2%;[①]

2. 从 2021 年至 2050 年,实现全球年平均燃油效率改进 2%;[②]

3. 自 2020 年起将国际航空产生的全球净二氧化碳排放保持在相同水平。[③]

国际民航组织设定的国际航空温室气体排放集体中期全球理想目标,是通过提升燃油效率实现温室气体减排,这是一种相对减排的目标设定,而非绝对减排。这意味着如果国际空中交通运输量增长,则温室气体排放绝对值还会增加。由此,设定一个航空二氧化碳排放绝对值不再增加的时间点就变得十分重要,即“碳中和增长时间表”。上述第一和第二个目标为年平均燃油效率改进目标,是相对减排的目标设计,第三个目标即为“碳中和增长时间表”。国际民航组织设定自 2020 年起实现碳中和增长。

为了尽可能协调各会员国的不同立场和诉求,国际民航组织 2010 年 A37 - 19 号决议第 6 条在阐述其力求 2020 年实现碳中和增长目标时,还附加了一项原则和六项考虑因素。一项原则是:不对个别国家构成具体义务。六项考虑因素是:(1)发展中国家的特殊情况和各自能力;(2)各国的不同情况、各自能力和航空排放进入大气的温室气体浓度的数量,将决定每一个国家如何能帮助达成全球理想目标;(3)有些国家在 2020 年以前可能采取更加雄心勃勃的行动,这可能抵消发展中国家航空运输增长增加的排放量;(4)航空市场的成熟程度;(5)国际航空业的可持续增长;(6)在降低排放的技术和燃料及其他减缓措施得到开发和部署以

① 国际民航组织 A37 - 19 号决议第 4 条。
② 国际民航组织 A37 - 19 号决议第 4 条。
③ 国际民航组织 A37 - 19 号决议第 6 条。

前,由于预期国际空中交通的增长,排放量可能还会增加。① 尽管如此,国际民航组织 A37 - 19 号决议第 6 条碳中和目标的设定依然引发会员国数量空前的保留:比利时代表欧洲联盟及其成员国(27 个)和欧洲民航委员会其他成员国(17 个)、美国、中国、阿根廷、玻利维亚、巴西、古巴、印度、伊朗、伊拉克、阿拉伯利比亚民众国、巴基斯坦、沙特阿拉伯、委内瑞拉,以上 57 个国家对第 6 条提出保留;此外,澳大利亚、加拿大、日本对第 6 条 c 款提出保留。

对于 A37 - 19 号决议第 6 条提出保留的国家如此多,这在国际民航组织历次大会决议中极为罕见,之所以有如此多的保留,根本原因在于新兴发展中国家与发达国家之间在航空二氧化碳中和增长及未来 10 年应由谁承担碳减排主要责任方面存在严重分歧。阿根廷代表巴西、中国、印度、沙特阿拉伯和其他发展中国家认为:"与发达国家相比,我们有更好、更清洁的环境记录……我们希望我们的子孙后代享有发展获得的好处……我们必须找到更多创新的解决方案以应对气候变化问题,但不是为我们的增长设定上限,这会影响我们航空业的发展。"②欧盟则认为国际民航组织设定的碳中和增长目标"不够严格",他们认为:"如果航空排放量在 2020 年才达到顶峰,会导致 10 年内排放量相当大的增长……欧盟致力于更宏伟的目标,欧盟一直主张在全球范围内减少国际航空温室气体排放量的目标应该是在 2020 年相比 2005 年的水平减少 10% 。"③澳大利亚、加拿大、日本则对第 6 条 c 款可能隐含的"区别责任"不满。在保留声明中,中国表示,气候变化主要是由于发达国家历史排放和当前高人均排放造成的,因此,发达国家应带头减少温室气体排放,遗憾的是,发达国家都不愿意清醒地认识自己的义务和

① 国际民航组织 A37 - 19 号决议第 6 条。

② "Stiff challenge facing ICAO after unprecedented number of reservations on Assembly climate change resolution", Accessed June 16, 2014. http://www.greenaironline.com/news.php?viewStory=1043.

③ Ibid.

责任。①

尽管国际民航组织A37－19号决议根据《芝加哥公约》第48条之规定获得大会简单多数票通过，但在航空碳中和增长的目标设定上并未真正形成国际共识。在主要国家均提出保留的情况下，国际民航组织设定的2020年实现碳中和增长的绝对减排目标和时间表缺乏普遍范围的约束效力，国际民航组织尚需在此方面继续努力。另外对于A38－18项号决议中所载明的"共同但有区别的责任"部分，澳大利亚、加拿大、日本、欧盟国家、新西兰、韩国及美国都进行了保留；而在满足不对个别国家构成具体义务的中期全球理想目标部分，又受到阿根廷、中国、巴西、古巴、印度，欧盟国家等多国的保留。而对于A39－2及A39－3项决议，中国又分别对"2020年碳中性增长目标"及"使用符合要求的排放单位"两个部分提出了保留。

此外，国际航空碳排放的长期全球理想目标尚在制定过程中，ICAO第39届大会通过的A39－2项决议表示：将结合《巴黎协定》中的2摄氏度和1.5摄氏度目标开展工作以探索国际航空的长期全球理想目标。

第二节　航空环境保护的机制设置

国际民航组织在其内部设置了专门的减排负责机构，开发了便于航空减排的工具，这些机制和工具之间相互联系、相互配合，在不同方面为国际航空减排工作提供技术或者是数据支持。

一、航空环境保护委员会

联合国中有两个机构在治理温室气体减排工作上发挥作用：一个是UNFCCC着眼于国内排放；另一个则是ICAO专门处理国际航空排放问题，致力于航空减

① See "Stiff Challenge facing ICAO after Unprecedented Number of Reservations on Assembly Climate Change Resolution", Accessed June 16, 2014. http://www.greenaironline.com/news.php?viewStory=1043.

排的全球性。[①] 而在ICAO项下处理国际航空排放具体问题的组织即为航空环境保护委员会(CAEP)。

CAEP是国际民航组织理事会于1983年成立的技术委员会,其成立取代了航空器噪声委员会与航空器能源排放委员会,旨在帮助理事会制定有关于航空器噪音、排放及航空对环境影响方面的新标准和建议措施。理事会审查航空环境保护委员会的建议,并以此向大会提出确定有关环境保护的相关建议。[②] 环境保护委员会由24名成员国及由5个国家和10个国际组织的观察员组成,共有来自世界不同地区的600多位知名专家参与到活动和工作组之中。中国、印度和巴西、美国等航空发展中国家和发达国家都为该委员会的成员国。

CAEP下设三个工作组。工作小组1:航空器噪音,该小组的主要工作领域是超音速运输与航空器减噪,主要负责ICAO的噪音标准文件—附件16卷I确保其更新且有效。工作小组2:机场运营,该小组的工作领域则为机场的运营和地面规划、机场减噪、减排运行方案的设计及机场环境监管与指导。工作小组2设立于1991年CAEP第二次工作会议中,其独特之处在于它没有从一个CAEP发展到下一个CAEP会议的固定的工作程序,这就要求CAEP每个会议周期的成员都要确保有足够的专门知识来开展工作。工作小组3:排放,该工作小组主要负责航空器二氧化碳与微粒物质排放标准的界定问题,具体又包括航空器和发动机的设计以提高燃料的燃烧效率、监测当地空气质量包括不可挥发的颗粒物质、与其他工作小组共同协作达成CAEP的技术发展目标。

CAEP项下除了上述三个工作小组负责噪声、机场和排放工作外,还设立了数据库组、预测和经济分析支援小组、航空碳计算器小组、影响和科学小组、全球基于市场措施的技术任务小组及可持续替代燃料工作小组,分别从数据库的建立和维持、经济的分析和预测、航空器二氧化碳排量的计算、航空器排放对气候变化

---

① 参见覃华平:《欧盟航空减排交易体制(EU ETS)探析——兼论国际航空减排路径》,载《比较法研究》2011年第6期。

② See ICAO, "Committee on Aviation Environmental Protection", Accessed January 27, 2019. https://www.icao.int/ENVIRONMENTAL-PROTECTION/Pages/CAEP.aspx.

的影响、排放的监测核查和抵消报告、可持续替代燃料的评估等几个方面对CAEP提供技术和数据方面的支持。

CAEP指导小组会议每年召开一次，而正式委员会会议每3年召开一次，正式会议的建议由理事会批准并向大会做出报告。CAEP第十次会议（CAEP/10）已于2016年2月1日至12日在加拿大蒙特利尔举行。在第十次会议上，理事会审查并通过了CAEP的建议，其中包括修改航空器噪音（附件16卷Ⅰ）、发动机排放（附件16卷Ⅱ）和最近建议的航空器二氧化碳排放（附件16卷Ⅲ），将由理事会向大会提出报告并最终转化为大会决议。① 除此之外，CAEP/10还在以下方面取得了重大进展：就飞机二氧化碳排放标准达成新的协议；就关于发动机排放的不可挥发颗粒物的排放标准达成协议；就“社会参与航空环境管理”提出新的建议；以及为2016～2019年的CAEP/11提出工作计划。此外，还提出了一些新的问题：适应新的气候变化、航空器的回收利用和气候变化温度升高对国际航空产生的影响等。可见CAEP在ICAO国际航空碳减排工作中发挥着关键的作用，在航空器减噪、机场规划和限制或减少国际航空排放对当地空气质量和气候变化的不利影响方面都提供了技术和数据支持。

二、碳排放计算器

国际民航组织的碳排放计算器是用于估算乘客在其飞行过程中所产生的二氧化碳的通用方法，可适用于碳抵消计划中。在使用过程中只需要用户提供基本的信息即可，如飞机的类型、航线的基本信息、载客或载货总量等。② ICAO通过用户输入的航班信息与已公布的定期航班进行比较，以获得飞机的起飞次数与具体类型后，再次与312种等效飞机进行比对，获取燃油效率，接下来通过国际民航组织所收集的交通运营数据，可计算出所载乘客的燃油消耗总量，除以总人数即

① See ICAO, Environmental Technical Manual Volume Ⅲ— Procedures for the CO_2 Emissions Certification of Aero planes, Doc. 9501, p. 17.

② See ICAO, “ICAO Carbon Emissions Calculator”, Accessed January 28, 2019. https://www.icao.int/ENVIRONMENTAL-PROTECTION/CarbonOffset/Pages/default.aspx.

可得出每位乘客在该次航班中所产出的平均二氧化碳排放量。除此之外，国际民用航空组织还开发了ICAO绿色会议计算器，绿色会议计算器的算法与碳排放计算器一致：基于对二氧化碳排放量的考虑，根据参会者的数量和始发城市等信息，可自动生成一个最佳的会议召开地点。为了保证民航组织此种计算方法的长期适用，各种数据信息将不断地进行更新完善，并向用户提供。其中国际民航组织交通信息和航空公司的航班表将每年进行分析和更新。

三、燃油节省估算工具

国际民航组织燃油节省估算工具是秘书处在各成员国与国际组织的支持下制定的，其目的是推动各国按照CAEP和全球空中航行计划的要求节省燃料的使用，燃油节省估算工具本身与ICAO框架下的其他燃料节省模型和规定不存在任何的冲突关系。该工具能够分析全球各级在实施业务改进前后飞机性能方面燃油消耗的差异，[①]通过用户提供的必要信息计算出在运营方式、航空器性能、轨道优化等行为实施前后燃料的消耗差异，以协助未采取减排措施的国家明确业务升级的优势。

燃油节省估算工具将通过发布后从各成员国或其他用户处收到的反馈作为民航组织未来对该工具进行更新修改的信息来源。

四、航空代用燃料全球框架

根据国际民航组织的统计，燃烧1公斤的常规航空燃料将会产生3.16公斤的二氧化碳。[②] 尽管改进交通管理和基础设施是减少常规燃料使用的重要措施，但是根据CAEP的预测，随着航空运输的不断增加，仅通过管理措施的提升未来几十年航空器所产生的二氧化碳仍将大幅增加，故将代用燃料引入航空领域是十分有必要的。ICAO在2007年举行的第36届大会上通过的A36－22项决议中就曾鼓励理事会加深对航空代用燃料的认识；此后2009年ICAO就开展了航空和代用燃料的专题讨论会并举行了第1次国际民航组织航空和代用燃料会议；紧接

---

① ICAO, ICAO Fuel Savings Estimation Tool (Version 2.1) User Guide, 2016, p. 3.

② ICAO, Environmental Technical Manual Volume Ⅱ — Procedures for the Emissions Certification of Aircraft Engines, Doc. 9501, 2014, p. 13.

着 ICAO 的 A37－19 和 A38－18 项决议与 2016 年通过的 A39－2 项决议都对航空代用燃料问题进行了发展；国际民航组织第 39 届大会指出引入可持续的航空燃料有助于 ICAO 和联合国可持续目标的实现。① 自 2009 年以来，可持续航空燃料产业取得了重大的发展，但同时也存在很多需要完善、进步的地方。2017 年 10 月 11 日至 13 日于墨西哥举行的 ICAO 代用燃料研讨会与第 2 次国际民航组织航空和代用燃料会议指出：会议支持 ICAO 2050 年可持续航空燃料愿景，到 2050 年工业和其他利益相关者对传统航空燃料适用中的很大一部分将转为对可持续航空燃料的适用，ICAO 将不断分享信息和经验、促进金融机构和工业之间的交流、加快指导材料的编撰以支持各国开发部署可持续航空燃料。各成员国和其他利益相关者也应积极编写指导材料以促进可持续航空燃料的适用，并为其提供资金和技术支持。此外，国家与各行业之间的交流与经验分享也是至关重要的，将对各成员国及 CAEP 的工作产生积极影响。

可持续航空燃料不需要对原本适用传统航空燃料的飞机发动机网络进行修改，便可直接进行替换或混合使用。且当可持续航空燃料是由生物物质发展而来的时候，在理想情况下甚至不会向大气中产生额外的二氧化碳。当航空代用燃料产业逐步向商业化发展时，生产其所需的生物能源还能带动广泛的农村发展、创造就业机会。② 可见，航空代用燃料对实现限制或减少航空器排放对全球气候变化的不利影响工作会产生巨大的推动作用。

五、环境效益工具

国际民航组织的环境效益工具是由制定基线、评估缓解措施与得出预期结果这三个方面组成的。③ 其是对先前开发的工具，如国际民航组织碳排放计算器和

---

① See ICAO, "Declaration of The Second Conference on Aviation and Alternative Fuels", Accessed January 28, 2019. https://www.icao.int/environmental-protection/GFAAF/Pages/ICAO-Vision.aspx.

② See ICAO, Sustainable Aviation Fuels Guide, 2017, p. 11.

③ See ICAO, "Environmental Benefits Tool", Accessed January 28, 2019. https://www.icao.int/Meetings/RS2017/Documents/S3 - %20ICAO%20Suppport%20Tools%20 - %20part%202.FINAL.pdf#search = EBT.

国际民航组织燃料节省估算工具的补充。在第一部分历史数据和基线方面，环境效益工具通过国家的主要航空承运人拥有的机队不超过 10 架飞机、可以获取 5 年甚至更长时间的国家数据、仅可获取 1 年的数据，这 3 种方式之一来计算截至 2050 年的基线；第二部分环境效益工具将从经验、燃油节省估算工具或空中交通管理、技术的发展等方面入手带入相应缓解措施；第三部分环境效益工具将结合基线与缓解措施的相关信息，计算出预期结果。环境效益工具作为 ICAO 环境效益的计算工具将为用户提供更大的灵活性和可操作性，未来会进一步将 ICAO 碳排放计算器和燃油节省估算程序导入环境效益工具，并改善环境效益工具与减排行动计划之间的连接。

第三节　航空排放国际法治的主要措施

限制和减少航空器发动机排放的措施较多，其中包括技术标准、运行程序、收费与收税、排放权交易以及航空替代燃料等。这些措施之间并非相互排斥的关系，而是具有相互的依存性。国际民航组织注意到为促进航空的可持续发展需要一种全面做法，因此，国际民航组织针对不同措施开展了一些工作，取得了一些进展。

一、技术标准

技术与标准（technology & standards）具有很强的关联性，基于技术产生标准，通过标准提升技术，因此，技术标准通常合并作为限制或减少航空排放的一种措施，采取的是污染源控制法，属于“命令与控制”（command and control）方法，是国际民航组织掌握的航空环境保护减排减噪的主要传统方法，在《国际民用航空公约》附件中载明的标准一般具有强制适用性。

根据《国际民用航空公约》，航空器必须符合国际民航组织理事会通过的环保合格审定标准。这些标准包含在《国际民用航空公约》的《附件 16：环境保护》中。目前，该附件包括 4 卷：第Ⅰ卷飞机噪音；第Ⅱ卷航空器发动机排放；第Ⅲ卷飞机二氧化碳排放；第Ⅳ卷国际航空碳抵消和减排计划（CORSIA）。这些合格审定标准被制定并被不断更新，以应对和尽可能减少航空对环境的影响。在《附件16：环境保护》第Ⅱ卷“航空器发动机排放”中，禁止了1982年2月18日之后制造的所有涡轮发动机航空器有意向大气中排放原油；规定了1983年1月1日之后制造的意图作亚音速推进用的涡轮喷气和涡扇发动机的烟的排放限额；对于意图作超音速推进用的发动机，1982年2月18日之后制造的发动机适用类似限额；规定1986年1月1日之后制造意图作亚音速推进用的大型涡轮喷气和涡扇发动机的一氧化碳、未燃烧的碳氢化合物和氮氧化物的排放限额。①

由于近几十年来影响当地和地区空气质量的许多污染物。例如，煤烟和航空器发动机排出的未燃烧的碳氢化合物，已大量减少，但评估显示，航空排放的氮氧化物、微粒物质和其他气体的全球排放值在增加，因此，国际民航组织加大了对氮氧化物标准的修订和更新。氮氧化物的标准最初在1981年通过，后于1993年、1999年和2005年多次修订，标准越来越严格。国际民航组织航空环境保护委员会第八次会议于2010年2月商定了一个新的氮氧化物排放标准，在原有基础上进一步提高了15%，新标准将于2013年12月31日实施，未达到氮氧化物新标准的航空器发动机需于2012年12月31日前停止生产。②

目前来看，国际民航组织制定的这些标准主要用于回应对机场附近空气质量的关注，建立的排放标准主要是有关氮氧化物、一氧化碳和碳氢化合物，这些标准以航空器的起飞和着陆循环为依据。③ 虽然这些标准基于飞机的起飞和着陆周期，但它们也有助于限制航空器高空排放，特别是有关氮氧化物的标准，因为氮氧化物是臭氧的前体，在高海拔地区也是一种温室气体。

根据2010年国际民航组织通过的A37－19号决议第24条e项的规定，国际

① 参见国际民用航空组织：《国际民用航空公约：附件1至18》，载道客巴巴网：http://www.doc88.com/p－2505581456083.html.，最后访问日期：2018年6月10日。

② The ICAO Engine Exhaust Emissions Data Bank (Doc 9646), issued in 1995, contains a comprehensive database of aircraft jet engine emissions certification data.

③ 海拔915米（3000英尺）以下的周期。

民航组织“要求理事会争取在2013年制定航空器的全球二氧化碳标准”。为此,国际民航组织航空环境保护委员会已做了很多前期工作,并于2012年7月在俄罗斯圣彼得堡就衡量飞机二氧化碳排放水平的方法达成了一致。[1] 2013年国际民航组织通过的A38－18号决议序言中就曾表示:“欢迎航空环境保护委员会商定的航空器的全球二氧化碳标准的合格审定要求”,第33条e项规定:“制定航空器的全球二氧化碳标准,争取在2015年年底以前最后确定各项分析,并在2016年获得理事会通过。”2016年A39－2号决议第19条e项要求理事会:“尽快通过飞机的二氧化碳排放合格审定标准。”因此,附件16第Ⅲ卷飞机二氧化碳排放,于2018年1月1日正式适用。

国际民航组织采用的“技术标准”措施是以公约“附件”的形式规定具体的数字来控制航空污染物排放的界限,违反了这些界限,航空器将无法通过国际民航组织的环保合格审定。从本质上讲,这种类型的管制措施是通过对资源、能源消费、污染排放数量的直接管制来实现环境品质的改善,属于“命令与控制”方法,具有一定强制性。国际民航组织在制定航空排放标准时倾向于设定统一的标准,但成员国在遵守时具有一定灵活性,因为根据《芝加哥公约》第38条“背离国际标准和程序”的规定,成员国在履行必要的通知程序后,可以实行不同于国际标准的措施。当然,尽管有此灵活规定,如果国际民航组织已经采用了某标准,那些认为遵守该标准不合适的国家虽然享有退出的权利,但通常面临很大的组织系统压力,因此,国际民航组织制定的标准实际上得到了广泛遵守,成为控制航空排放行之有效的措施之一。只是针对各类航空排放污染物标准的制定和更新是一个长期系统工程。

二、运行措施

“运行措施”(operational measures)中的“运行”一词可以用来形容一个范围广泛的活动,包括空中交通管理系统对航空器的飞行、控制和/或监视以及各机场

---

① See ICAO,“New Progress on Aircraft CO_2 Standard”, Accessed January 20, 2019. http://www.icao.int/Newsroom/Pages/new-progress-on-aircraft-CO_2-standard.aspx.

活动。[①] “运行”开始于旅客和货物装载前，贯穿飞行整个过程，直到旅客下船并卸下货物。

2001 年，国际民航组织大会要求理事会促进使用运行措施，将其作为限制或减少航空器发动机排放影响的一种重要手段。2004 年 2 月，国际民航组织以《通告 303 – AN/176》形式发布了有关运行措施的指导材料，用以尽量减少航空燃料使用和航空排放。该通告包括飞机地面和飞行操作信息，以及地面服务设备和辅助动力装置等信息。

国际民航组织已经向各国强调，新的通信、导航、监视和空中交通管理系统的早日实施将会成为减少燃油消耗、避免不必要排放量的有效手段。[②] 空中交通管理系统是确保航空器在所有运行阶段安全、高效运行所需的空中交通服务系统、空域管理系统和空中交通流量管理系统的总和。与空中交通管理系统相关的环境效益的初步研究结果和评估方法已纳入《全球空中航行计划》(Doc 9750 号文件)中。航空环保委员会还制定了经验法则，以协助各国从实施新的运行程序中估算潜在的环境效益。

面对航空业务正被优化的今天，既要改善环境性能，同时还要保证安全。国际民航组织理事会正在制定《国际航空减排运行措施新指南》，使国际民航组织《全球空中航行计划》中提出的对提高燃油效率的强调落到实处，鼓励各国和利害攸关方发展最具环境效益的空中交通管理，推动并共享在机场为减少航空排放不利影响而采取的最佳做法。一个全球性的、可互相兼容的、与技术进步相结合的空中交通管理系统的实现，将会促使未来航空环保目标的最终实现。

减少航空排放的运行方案代表着双赢解决方案。首先，运行措施的改进能够减少航班燃油消耗。减少航空排放的最有效方法就是尽量减少每个航班使用的燃油量，通过减少燃油消耗实现环境效益的同时也会降低燃油成本。其次，运行

① See ICAO, “Operational Measures”, Accessed January 20, 2019. http://www.icao.int/environmental-protection/Pages/operational-measures.aspx.

② Ibid.

措施不一定需要引进新设备、新飞机或昂贵的技术部署，它是基于安全前提下以更合理的方式运营已经服役的飞机。但是，国际民航组织对于通过航空运行措施限制和减少航空排放的规管仅具有建议性，成员国是否采纳其建议性指导材料取决于本国法律、安全、经济等诸多因素的影响，特别是空中交通管理系统的升级需要有雄厚的资金为保障，航路的优化亦需要考虑空域管理的安全。

在 A37－19 号决议第 23 条 f 款中，国际民航组织要求各国减少法律、保安、经济以及其他制度上的障碍，以执行更具环境效益地利用空域的新空中交通管理运行概念。① 在 A37－19 号决议第 24 条 j 款中，国际民航组织要求理事会："使国际民航组织《全球空中航行计划》中提出的对提高燃油效率的强调落到实处，鼓励各国和利害攸关方发展最具环境效益的空中交通管理，推动并共享在机场为减少民航温室气体排放不利影响而采取的最佳做法。"②在 A38－18 号决议第 8 条中，大会认识到，"国际民航组织各成员国已经采取和打算采取用以支持实现集体理想目标的许多行动，包括空中交通管理现代化……"；③在第 32 条 e 项，大会要求各国，"加快开发和实施节省燃料的航线和程序，以减少航空排放。"④在第 39 届大会 A39－2 号决议第 18 条 d 项中，大会要求各国，"在考虑到航空系统组块升级战略的情况下，加快开发和实施节省燃料的航线和空中航行程序……"；⑤第 19 条 h 项大会要求理事会："继续开发和更新必要的工具和指南，以评估与改善空中交通管理相关的效益……"⑥可以看出，"运行措施"虽然是控制和减少航空排放有效的政策工具选项之一，但由于各国情况不同，国际民航组织不可能强制要求各会员国统一实施，只能尽可能地做一些推动和建议工作。

三、收税与收费

税（taxes）与费（charges）这两个术语经常交替使用，它们之间的区别并不总

① 国际民航组织 A37－19 号决议第 23 条 f 款。
② 国际民航组织 A37－19 号决议第 24 条 j 款。
③ 国际民航组织 A38－18 号决议第 8 条。
④ 国际民航组织 A38－18 号决议第 32 条 e 款。
⑤ 国际民航组织 A39－2 号决议第 18 条 d 款。
⑥ 国际民航组织 A39－2 号决议第 19 条 h 款。

是很清楚。[①] 在国际民航组织相关文件中这两个术语有所不同:税是税务机关对航空活动收取的一般费用,可以将其用于任何需要的目的,因此,对航空排放施以国家税收,其征税标准具有一定随机性,可以根据航空旅客和货物的数量或根据航空器燃烧的燃油数量等为依据按照一定的比例或标准征税;费是按照航空活动所造成的损害得以"恢复"为基础评估收取的费用,因此,国家对航空活动收费数额的计算应该与航空造成污染损害的恢复费用或遭到损害的补偿费用相等。实际上,在当前实践的大多数领域这样的区别并不是那么重要,但是,在航空环境保护领域,区别依然很重要。

有关航空排放收税的最大阻碍来自《国际民用航空公约》第24条有关燃油税费豁免的规定。《国际民用航空公约》第24条规定:"一缔约国的航空器在到达另一缔约国领土时所载的燃料、润滑油、零备件、正常设备及机上供应品,在航空器离开该国领土时,如仍留置航空器上,应免纳关税、检验费或类似的国家或地方税款和费用。"以该公约为基础,大量双边航空运输协定也包含有类似条款,因此,如果对航空排放征收燃油税将不仅可能违反该公约第24条,还可能违反了数量众多的双边航空运输协定。

收费措施具有弥补损失和纠正错误的作用。航空领域一些常见的收费措施,如空中交通管制服务、客运处理服务、机场停机坪服务等,其费用计算建立在成本回收基础上,用以弥补特定服务。有关航空排放收费的一个根本问题是如何公平、公正地计算收费数额。《国际民用航空公约》第15条载有关于机场和类似收费的规定,其中包括无差别对待原则,即对国际民航组织成员国的航空排放采用收费措施时,应适用同样统一的收费条件和标准,不得有差别和歧视,不得以航空公司国籍的不同而差别对待。值得注意的是,《国际民用航空公约》第15条最后一句:"任何缔约国对另一缔约国的任何航空器上所载人员或财物不得仅因给予通过或进入或离去其领土的权利而征收任何规费、捐税或其他费用。"这一条款能

---

① See Pablo M. J. Mendes de Leon, Steven A. Mirmina, "Protecting the Environment by Use of Fiscal Measures: Legality and Propriety", *J. Air L. & Com.* 62, 1997, p. 794.

否构成对航空排放收费的阻碍取决于对“仅”字的理解。根据现在的科学知识来看,航空器在通过或进入或离开时必定产生排放并造成损害,因此,这句话应该并不构成对航空排放收费的阻碍。①

在1994年纪念国际民航组织成立50周年全球航空运输大会上,会议建议,“国际民航组织应该继续高度重视民用航空有关环境问题的解决。”②关于收税,会议得出结论认为:“对国际航空运输的销售和营运征税是对国际航空运输业务健全有序发展的障碍。”③此外,“税收和各种使用费正在构成对航空公司和消费者不断增长的负担,并对航空运输业的发展产生负面影响”。④ 关于国家层级上的航空环境收税和收费措施,国际民航组织立场明确:不支持额外的收税和收费。⑤ 国际民航组织基于以上考虑,在航空排放收费与收税问题上严格控制并强调收费的优先性。国际民航组织已公布《有关当地空气质量的飞机排放收费指南》(Doc 9884 号文件)。国际民航组织也有涉及一般收费的长期政策——《ICAO 机场和空中航行服务收费的政策》(Doc 9082/6 号文件)。此外,国际民航组织还开发了指导国家税收的独立政策——《ICAO 国际航空运输领域收税政策》(Doc 8632 号文件),其中建议在国际航班上购买燃油征收的所有税种互惠豁免,并呼吁各国减少或消除与国际航空运输销售或使用相关的税收。

1996年12月,国际民航组织理事会以决议形式通过了关于与排放有关的收费和收税的临时政策声明。在该声明中,理事会强烈建议任何此类款项征收均应以收费而非收税的形式进行,收集的资金应首先用于减轻航空器发动机排放对环境的影响。此类收费应根据减轻航空器发动机排放的环境影响成本来征收,同时此类成本应当能够适当确定并可直接归因于航空运输且无差别和歧视。2010年

① See Pablo M. J. Mendes de Leon, Steven A. Mirmina, "Protecting the Environment by Use of Fiscal Measures: Legality and Propriety", *J. Air L. & Com.* 62, 1997, p. 797.

② Ibid.

③ Ibid.

④ Ibid.

⑤ Ibid.

国际民航组织大会A37－18附录H，继续确认1996年关于排放有关收费政策的持续有效性，敦促各国避免单方面行动，引入不符合当前指导的排放收费，并要求理事会开展进一步研究和制定进一步指导；随后，2013年及2016年国际民航组织大会通过的A38－17和A39－1号决议附录H《航空对当地空气质量的影响》均载明：鉴于《国际民用航空公约》第15条载有关于机场和类似收费的规定，其中包括不歧视原则，而且国际民航组织制定了Doc 9082号文件，大会欢迎制定关于涉及当地空气质量的排放收费的指导，要求理事会使此种指导保持最新状况，并敦促各成员国交流关于实行此种收费的信息和敦促各成员国确保尽可能最大限度地遵守并使当地考虑到国际民航组织关于当地空气质量有关的排放收费的政策和指导原则。

四、排放权交易

排放权交易是一种基于市场的措施，早期主要是美国用于硫化物的控制，后来为欧美等国家和地区广为采用，成为一种限制或减少污染物排放的主要方法之一。排放权交易以一整套制度为支撑，其基本原理是，根据环境容量制定逐年下降的排放总量控制目标，然后将排放总量目标通过一定的方式分解为若干排放配额，分配给各区域或企业，排放配额被允许像商品那样在市场上进行买卖，进行余缺调剂。排放权交易措施固有的灵活的配额交易功能使其具有很大吸引力。[①]减排技术的发明、运用可以使少排放的区域或企业通过出让节余的排放配额赚取收益；多排放的区域或企业要花钱来购买排放配额，增加了其扩大排放的成本。市场定价机制将使多排放代价等于减排或治理污染的边际成本，排放配额交易可以使交易双方都受益。同时，通过加强排放指标的度量及市场监督和核查，完善激励约束机制，这种市场化的配额交易制度将有利于调动区域和产业部门的内在积极性，使他们主动地、持续地减少排放，还便于因地制宜，比政府"一刀切"的行政手段更有生命力。

---

① See Tate L. Hemingson, "Why Airlines Should be Afraid: The Potential Impact of Cap and Trade and Other Carbon Emissions Reduction Proposals on the Airline Industry", *J. Air L. & Com.* 75, 2010, p. 751.

航空领域排放权交易主要针对二氧化碳,先确定总排放量的上限和配额,以许可证形式排放二氧化碳,排放权可以购买和出售以满足减排目标。从长远来看,这样一个系统可以作为限制或减少航空二氧化碳排放方面一个成本有效的措施。

2004年,国际民航组织大会关于排放权交易考虑两种可能的制度:(1)由国际民航组织直接发展和建立统一的国际减排体系;(2)由ICAO监管,通过成员国中现行的排放交易措施实现国际航空减排目标。① 2007年,CAEP提出建议采纳了第二种方案,即将国际航空减排纳入ICAO成员国的减排交易体系。建议案的主要内容包括,航空承运人是减排交易的实体;承运人的义务以该承运人所有飞行的排放总量为基础;减排交易措施仅针对二氧化碳的排放;对外国承运人只能在相互同意的基础上适用排放交易机制。② 在2007年9月召开的大会期间,ICAO同意成立“国际民用航空与气候变化小组”(Group On International Aviation and Climate Change,GIACC),负责起草和制定“实施框架”。成员国可以在该框架之下通过排放交易机制实现减排目标。ICAO同时指出,各成员国也可以选择改进技术、改善营运及优化航运管理等措施实现上述目标。GIACC随后召开了多次会议,进行了深入细致的研究和调查,得出的结论认为,在缺乏国际民航组织制定的框架下,由各国或各地区通过不同的政策和参数而实施基于市场的措施,情况并不理想。

国际民航组织于2010年通过的A37-19号大会决议的第18条规定:“要求理事会在各成员国和国际组织的支持下,对全球基于市场措施计划的技术内容、环境益处、经济影响及其方法开展进一步研究,同时考虑到联合国气候变化框架公约下的谈判结果和其他国际发展情况,继续探索全球基于市场措施计划的可行性,供国际民航组织大会第38届会议审议。”为此,国际民航组织成立了市场机制

---

① 参见宣增益:《航空减排路径之探讨——兼评欧盟航空减排交易指令》,载《中国政法大学学报》2011年第1期。

② 同上。

专门工作小组，国际民航组织市场机制专门工作小组于 2012 年 3 月向第 195 届理事会提交了以下四种基于市场措施的航空业减排备选方案：

方案一：全球强制抵消机制（global mandatory offsetting）

世界资源研究所将“碳抵消”定义为“在避免、减少二氧化碳排放方面做出贡献以弥补在其他方面发生的碳排放”。① 目前一些规模较大的航空公司提供“乘客自愿碳抵消计划”，乘客可通过相关航空公司的网站站点服务，使用在线计算器估算自己的航空旅程碳排放量抵消所需的花费，然后自愿购买碳排放的补偿费用。全球强制抵消机制在概念上与此类似，只是将“乘客”转化为“全球强制抵消机制的参与者”，“自愿抵消”转化为“强制抵消”。根据这个方案，参与者需要交出符合条件的“碳抵消信用”，以抵消其每年的全部排放或抵消其在某个特定基准线以上的全部排放。“碳抵消信用”包括京都单位、其他国家和地区的减排信用及自愿减排信用。

方案二：带有创收机制的强制抵消机制（global mandatory offsetting complemented by a revenue-raising mechanism）

方案二和方案一类似，只是在方案一基础上增加了“创收机制”，收入来源来自参与者购买碳抵消信用时的支出，即参与者可向特定机构交付一定数额的费用以补偿其二氧化碳排放。在方案二中，需要设立一个或多个机构来收取、管理、监督这些收益；参与者需要将其报告的排放量乘以履约期内每单位碳排放商定的价格，据此计算出应付费用，并将之交付特定机构；单位碳排放商定的价格应充分考虑碳抵消的成本和减缓的目的。增加的“创收机制”，其好处在于可以积累到资金用于环境改善，但资金的使用、监管又会增加该机制的复杂性。

方案三：全球航空排放总量控制与交易机制（global emissions trading cap-and-trade）

方案三是将类似欧盟的碳排放交易系统运用到国际航空碳排放层面。根据

① World Resources Institute, Jenna Goodward & Alexia Kelly, “Bottom Line on Offsets”, Accessed August 12, 2010. http://www.wri.org/publication/bottom-line-offsets.

方案三,需要就特定履约期内的全球国际航空碳排放设置一个整体上限,然后,由国际民航组织或特定机构向各参与者分配排放配额。如果参与者在一定期限内没有使用完配额则可以出售;如果参与者的排放量超出分配的配额,则必须购买排放配额。通过对全球国际航空碳排放总量的控制和定期下调,实现航空二氧化碳减排。这一方案涉及合理的排放总量上限的设定、复杂的制度设计及敏感的排放配额全球分配等问题,此外,这一方案对航空排放的报告、监测、遵守等关键要素要求较高。

方案四:基于某基准线(global emissions-trading baseline and credit system)的全球航空排放交易

方案四与方案三的不同之处在于,不设定航空排放总量上限,而是划定某基准线,高出基准线排放的参与者可以从低于基准线排放的参与者那里购买排放配额。该方案的有利之处在于绕开了航空排放总量上限的设定问题,但不利之处在于,由于没有设定绝对的排放上限,因此缺少了对具体减排目标实现的确定性。该方案在 2012 年 6 月国际民航组织第 196 届理事会讨论后决定放弃。

以上方案中,对于欧盟及其成员国而言,方案三无疑是首选,因为它基本上就是欧盟排放交易体系的国际化、全球化,欧盟对此方案驾轻就熟,能够更为有效地实现其对该机制构建的掌控和话语权,更容易满足其承诺修改 EU ETS 法案的条件,进一步强化其运用市场机制减缓气候变化领域的优势,而方案一和方案二则可能使欧盟陷入两难困境。① 对于国际民航组织而言,方案二和方案三在制度设计和运行管理方面远比方案一复杂很多,国际民航组织尽管在航空技术标准制定方面具有优势,但在碳抵消、碳交易方面却并非行家里手,复杂的方案意味着更长的周期和更大的协调难度,国际民航组织未必有能力推动复杂方案获得理事会和大会的通过并保障方案的顺利实施。

---

① See ICAO, "ICAO Council Agrees to Further Narrow Down MBM Options as Work Towards a Global Emissions Deal Progresses", Accessed July 2, 2012. http://www.greenaironline.com/news.php?viewStory=1485.

五、国际航空碳抵消和减排计划

国际民用航空组织于第38届大会A38－18号决议中强调了制定国际航空全球基于市场的措施计划的重要性及其制定过程中所应注重的问题；ICAO于其第39届大会正式制定出了A39－3：国际民航组织关于环境保护的持续政策和做法的综合声明——全球基于市场措施计划，决定通过国际航空碳抵消和减排计划（CORSIA）解决国际民用航空产生的高于2020年水平的二氧化碳排放总量的任何年度增长量。

（一）CORSIA计划的发展背景

ICAO于2010年第37届大会决议中通过了实现集体中期全球理想目标，即自2020年起将国际航空产生的全球净二氧化碳排放保持在相同水平；A37－19项决议要求理事会在各成员国的支持下，制定一个国际航空基于市场措施的框架。基于此，在A38－18项决议中大会认识到制定单一的全球碳抵消机制是符合成本效益的，且这项基于市场措施的计划应避免实施做法的多重性，大会进一步要求理事会在不影响《气变公约》谈判的情况下完成全球基于市场措施计划的各种可行性工作，同时应考虑有助于实现国际民航组织全球理想目标的技术、运行方式改进和可持续代用燃料的“一揽子”措施；继A38－18决议之后，2013年11月举行的第200届理事会会议继续支持CAEP承担制定关于全球基于市场措施计划的技术任务，理事会还决定设立环境咨询小组，负责监督、制定与全球基于市场措施计划有关的所有任务，并向理事会提出建议。环境咨询小组第15次会议于2016年1月举行，旨在为2016年2月和4月召开的全球基于市场措施计划高级别小组会议制定大会决议草案，随后2016年5月和8月又分别召开了全球基于市场措施高级别会议和非正式的主席之友会议。紧接着2016年国际民用航空第39届大会通过了A39－3：国际民航组织关于环境保护的持续政策和做法的综合声明——全球基于市场措施计划，在该决议中大会决定通过国际航空碳抵消和减排计划（CORSIA）解决国际民用航空产生的高于2020年水平的二氧化碳排放总量的任何年度增长量，同时采取实施监测、报告和核查制度、排放单位标准、设立登记处、国际航空碳抵消和减排计划的治理及监管框架制度等,为从 2020 年起实施的 CORSIA 减排计划建立必要的配套机制。会后,CAEP 与本组织成员国进行协商后修改了《芝加哥公约》附件 16 卷四——CORSIA,并经 214 届理事会审议通过。①

（二）CORSIA 减排计划的介绍

CORSIA 有助于实现全球航空理想目标,即自 2020 年起,将国际航空产生的净二氧化碳排放量保持在相同水平。② CORSIA 依靠适用碳市场的排放单位来抵消无法通过使用技术和运营方式的改进、可持续航空燃料的适用所减少的二氧化碳排放量。其中飞机运营人将从全球碳市场中获取和取消排放单位,从而抵消二氧化碳的排放。CORSIA 通过对比从 2021 年开始的二氧化碳年排放总量与二氧化碳的排放基线水平,③在接下来的几年中,在 CORSIA 覆盖范围下的任何国际航空二氧化碳排放量超过基线水平的部分都代表了该部门在该年度中的抵消要求。此外,根据 ICAO 第 39 届大会 A39 - 3 决议第11段 g 项,当 CORSIA 项下的航线改变时,将重新计算部门基线,为此民航组织将在每年开始时重新计算,以便考虑到自愿参加或是因为新一个阶段的开始而增加的飞往或飞离各国的航线。

CORSIA 将分为三个阶段实施,以照顾发展中国家的特殊情况,尽量缓解减排措施对国内市场的不利影响。其中,试行阶段将于 2021 ~ 2023 年实施,该阶段适用于自愿参加的国家。决定自愿参加 CORSIA 抵消计划的国家可在每年的年初参加并在前一年的 6 月 30 日前将加入该计划的决定通知民航组织;另外第一阶段将于 2024 ~ 2026 年进行,该阶段也适用于自愿参与碳抵消的国家,与试行阶段规定相同,仅在计算航空运营人抵消二氧化碳的排放量时既定年份的确定方面

① See ICAO, Environmental Technical Manual Volume Ⅳ—Procedures for demonstrating compliance with the Carbon Offsetting and Reduction Scheme for International Aviation (CORSIA), Doc. 9501, p. 1.

② See Michael B. Gerrard, Edward Mc Tiernan: The Major Developments in International Climate Change, SY015 ALI-ABA 393, 2017, p. 4.

③ CORSIA 的二氧化碳排放基线是自 2021 年起 CORSIA 所覆盖范围内航线 2019 年至 2020 年二氧化碳排放量的平均值。

存在细微差别；[①]2027～2035年运行的第二阶段相较于试行与第一阶段则有所不同，第二阶段的CORSIA计划适用于所有2018年在以收费吨公里所表示的航空活动中其单个份额占到总份额0.5%以上的国家，或在以最高至最低收费吨公里数的方式排列的国家名单中累计份额达到总收费吨公里数90%的成员国，但最不发达国家、小岛屿发展中国家和内陆发展中国家可不适用CORSIA计划的第二阶段，当然大会也强烈鼓励这些受到豁免的国家能够自愿参加到该计划中；另外，国际航空业务每年排放的二氧化碳不超过10,000吨的航空器运营人、最大起飞质量小于5700千克的航空器以及进行人道、医疗和消防作业的低水平国际航空活动都不适用CORSIA抵消计划，旨在避免对国家及行政造成负担。

在2021年CORSIA正式进入试行阶段之前，2018～2020年的筹备阶段也发挥着相当重要的作用，具体又划分为2018年建议的筹备行动和2019～2020年的基线期行动两部分。从2019年1月1日起，所有承担国际航运任务的国家都需要制定国际航班二氧化碳排放的监测、报告和核查（MRV）系统，用于计算CORSIA的基线和飞机运营商的抵消基础。成员国最迟应于2019年4月30日批准飞机运营人的排放监测计划，并向国际民航组织提交本国的飞机运营人清单和经认证的核查机构清单，最迟于2020年8月31日向国际民航组织提交2019年的二氧化碳排放数据。

（三）CORSIA框架的构成

1. 监测、报告和核查MRV制度

CORSIA的MRV制度适用于2019年1月1日或其后使用的最大起飞质量超过5700千克的飞机和年二氧化碳排放量超过1万吨的国际航班运营人，但低水平的国际航空活动与国家内航班除外。[②] 在2019年1月1日至2035年12月31日，对满足上述要求的国际航班的二氧化碳排放进行监测和核查。故在2018

① 试行阶段可以在2020年或特定年份之间选择其一作为每年固定计算航空运营人抵消二氧化碳排放量中的年份，而第一阶段仅能通过特定年份作为计算二氧化碳排放量中的年份。

② ICAO Annex 16 Vol. Ⅳ, p. 19.

年的筹备期间，飞机运营人和国家应在上文所述的规定时间内提交和批准二氧化碳的排放监测计划以根据经营人的具体情况确定最为适当的二氧化碳排放监测手段和方法，以便后续排放数据的跟进。根据《芝加哥公约》附件16第Ⅳ卷和环境技术手册的规定，又具体分为2019～2020年期和2021～2035年期，且排放标准的界定也存在差异。

2019～2020年，通过飞机营运人国际航班产生的年二氧化碳大于、等于或者小于50万吨，来区分对其采取的监测方法。当飞机运营人的国际航班所产生的二氧化碳排放量大于或等于50万吨时，将使用燃料使用量的监测方法；反之，当二氧化碳的排放量小于50万吨时，飞机运营人可以在燃料使用量监测方法和国际民航组织CORSIA二氧化碳核算和报告工具之间进行选择；而在2021～2035年，区分二氧化碳监测方式的排放量标准则缩减至5万吨，即当需要遵守抵消要求的国际航班产生的年二氧化碳排放量大于或等于5万吨时，飞机运营人就须适用附件16第Ⅳ卷附件2中的燃料使用量监测方法，当年排放量小于5万吨时则可在燃料使用量监测方法和二氧化碳核算和报告工具之间进行选择。值得注意的是，在2021～2035年的监测阶段中，无须遵守抵消计划的国际航班运营人也须在燃料使用量和二氧化碳核算和报告之间进行选择。可见，对于二氧化碳排放的MRV要求是独立于CORSIA抵消计划的。在监测和计算二氧化碳排放之后，通过统一的模板和程序，飞机运营人会将必要的数据报告给国家，再由国家报告给国际民航组织，ICAO通过整理二氧化碳的排放数据，计算出部门的增长因子并通报给成员方。而二氧化碳的核查则是为了确保信息数据的准确性，即通过第三方来检验所有的操作是否准确无误。

2. 二氧化碳的排放监测方法

通过划分国际航班二氧化碳的年排放量，将飞机运营人所使用的监测方法分为两类。第一种为燃料使用量监测方法，适用于不满足二氧化碳核算和报告工具要求的国际航班，其中又包含以下几种可选择的具体方法：方法A、方法B、撤轮挡或挡轮挡、燃料加注量或轮挡小时燃料分配，在此不进行赘述。本文主要介绍

CORSIA 的二氧化碳核算和报告工具（CO_2 Estimation and Reporting Tool, CERT）。

CERT 作为 MRV 系统中的一部分，旨在评估飞机操作者是否在 MRV 要求的适用性范围内及其为支持排放监测计划所使用的燃料和监测方法，但同时也提供给国家使用，以支持数量级检查并填补任何二氧化碳排放量数据的空白。CERT 将会随着时间的推移不断地更新完善，在 2018 年版本中只包括二氧化碳的评估功能来判定是否满足适用 CORSIA 和 CERT 的资格，而改进后的 2019 年和 2020 年版本中将包括监测和报告生成的功能，甚至在 2021 年至 2035 年的版本中还将包括受到抵消约束国家的列表。① 通过输入飞机运营信息、文件上传或手动传输飞行数据利用轮挡时间输入方法或大圆时间输入方法估算该运营人的二氧化碳排放量，最后生成排放报告，通过审查并提交的方式完成对二氧化碳的估算和报告工作，以满足灵活监测的计划要求。

3. CORSIA 合乎条件的排放单位

一个排放单位代表 1 吨的二氧化碳当量。飞机运营人须通过取消符合 CORSIA 所要求的排放单位来完成其所归属的国家计算的抵消要求。② 据此，国际航班的运营商须在符合 CORSIA 要求的排放单位所指定的登记处内取消合乎条件排放单位，这些被取消的排放单位的信息将公布在登记处的公共网站上。第一个取消排放单位报告的截止日期为 2025 年 4 月 30 日，到那时飞机运营人和核查机构必须向国家提交 2021～2023 年排放单位的取消报告和核查报告，随后国家应通过 CORSIA 中央登记处向国际民航组织报告汇总后的信息。

而上文提到的取消合乎条件的排放单位所指定 CORSIA 中央登记系统，是国际民航组织即将开发的一个系统，③作为各国向民航组织提交数据资料的工具，

① ICAO, CORSIA CO_2 Estimation and Reporting Tool（CERT）, p. 5.

② ICAO, Annex 16 Vol. Ⅳ 4. 2.

③ 国际民航组织秘书处预计将于 2019 年年初启动，CCR 测试版计划在 2019 年下半年进行，据此推断，CCR 将于 2020 年年初正式运作。

这个工具将有助于实现国家提交数据的标准化和统一化,保障 CORSIA 信息透明的实现。此外,ICAO 理事会还在航空环境保护委员会(CAEP)的贡献下建立了技术咨询机构,①专门向理事会提供有关于排放单位的意见和建议,目前中国也加入了技术咨询机构。

(四)符合 CORSIA 第三章适用程序的国家②

在《芝加哥公约》附件 16 第Ⅳ卷,第 2 部分第 3 章“二氧化碳的抵消适用范围”中的国家包括:已经表示自愿参加 2021 ~ 2026 年合规期的国家、除被豁免的国家外于 2027 ~ 2035 年合规期内达到标准的国家以及虽不符合适用范围但表示自愿参加的国家。具体信息都将从 2020 年 6 月 30 日出版的国际民航组织相关文件中获取。

国际民航组织第 39 届大会 A39 - 3 决议第 9 条 d 项要求:秘书处在国际民航组织的官方网站上公布试行阶段和第一阶段国家的最新信息。截至 2019 年 1 月 15 日,已经有占国际航空活动 76.63% 的 78 个国家从一开始就打算自愿参加 CORSIA 抵消计划。但直至 2019 年 1 月 31 日,中国、印度等航空发展大国还未提交表示自愿参加 CORSIA 2021 ~ 2023 年试行阶段和 2024 ~ 2026 年第一阶段的声明报告。③ 相反,以加拿大、新加坡、日本、英国和美国为首的航空发达国家都提交了其自愿参加的声明。这 78 个国家所提交的自愿参加声明主要分为以下几种形式:欧盟国家和印度尼西亚所提交的 ICAO A39 - WP/414 和 A39 - WP/211、以国家政府声明形式提交、国家间联合声明及国家在 ICAO 第 39 届大会上的发言等。在上述几种声明的形式中欧盟和印度尼西亚在对 CORSIA 抵消计划表示同意的同时还提出了自己的建议供国际民航组织参考。

---

① See ICAO, “Technical Advisory Body”, Accessed April 7, 2012. https://www.icao.int/environmental-protection/CORSIA/Pages/TAB.aspx.

② “CORSIA States for Chapter 3 State Pairs” 这是指《芝加哥公约》附件 16 第 4 卷第 2 部分第 3 章和 ICAO 环境技术手册(Doc. 9501)第 4 卷——“证明符合 CORSIA 的程序”第 3 章中:“符合 CORSIA 适用程序的国家”的内容。

③ See ICAO, “CORSIA States for Chapter 3 State Pairs”, Accessed April 5, 2019. https://www.icao.int/environmental-protection/CORSIA/Pages/state-pairs.aspx.

六、航空替代燃料

由于技术和运行措施的预期收益不能抵消航空总排放量的预期增长，为了实现航空运输的可持续发展，还需要其他战略以弥补航空排放量的增长。一个有前途的方法是开发航空可持续替代燃料。

尽管这种燃料已经存在，但目前还没有足够的可用数量，用以满足商业航空的整体燃料需求。航空替代燃料是传统喷气燃料的替代品，完全可以互换，并与常规喷气燃料兼容。航空替代燃料的生产来自可再生生物质油，能够减少航空温室气体排放量，并因此减少航空对全球气候变化的影响。从中短期来看，航空业将很大程度上依赖航空替代燃料液体油。一段时间以来，可持续航空替代燃料已成为航空业的焦点。开发这种燃料的财团已经建立，新的举措正在进行。一些类型燃料的认证已经完成，其他类型燃料的认证也进展顺利。

2009 年 11 月，国际民航组织召开航空和代用燃料会议，展示了航空替代燃料的先进设备，讨论了航空替代燃料的可持续性、可行性、经济性，生产和基础设施等关键问题。在这次会议上，各国同意开发、部署和使用可持续替代燃料，以减少航空排放。为了便于在全球基础上，促进和协调采取举措，鼓励和支持航空业发展可持续替代燃料，大会制定了《国际民航组织全球航空替代燃料框架》。

可持续替代燃料提供了减少航空对环境影响的可能，但尚未达到足以满足商业航空整体需求的数量。航空可持续替代燃料的成本和可用性，是其大规模采用的关键障碍。测试新燃料和建立新的生产设施需要大量资金投入。此外，由于航空部门占世界液体燃料消耗不到 5%，燃料生产商可能面对更大的市场。如果使用替代燃料，作为最大限度减少航空对全球气候影响的综合战略的一部分，那么需要建立金融和监管框架，以确保航空能够获得足够数量的替代燃料。国际民航组织已与世界银行和美洲开发银行就项目融资框架内发展航空替代燃料的基础设施建设，克服初期市场障碍的激励机制进行了初步讨论。此外，航空运输业使用替代燃料，由于加油地点和飞机数量相对较少，可能会比其他部门使用替代燃料相对简单一些。

第四节　航空排放国际法治的实施机制

“限制或减少航空排放对当地空气质量的影响”与“限制或减少航空温室气体排放对全球气候变化的影响”是国际民航组织确立的航空环境保护总体目标中的两个分目标，这两个分目标有着不同的侧重，前者主要关注对当地空气质量产生有害影响的污染物，如一氧化碳、氮氧化物等污染的控制，后者主要关注对全球气候变化产生影响的温室气体，特别是二氧化碳的控制。国际民航组织针对这两个不同的分目标采用了不完全相同的实施机制。

一、有关当地空气质量的实施机制

（一）确立强制适用的技术标准

国际民航组织以《国际民用航空公约：附件16：环境保护》的形式，制定了航空器一氧化碳、未燃烧的碳氢化合物和氮氧化物等的排放限额，并且不断更新这些标准，使其日趋严格。这些标准以航空器的起飞和着陆循环为依据，主要用于回应对机场附近空气质量的关注。这些技术标准的强制适用，限制或减少了航空排放对当地空气质量的有害影响。根据国际民航组织的评估，近几十年来影响当地和地区空气质量的许多污染物。例如，煤烟和航空器发动机排出的未燃烧的碳氢化合物，已大量减少。①

（二）提供建议性运行程序

国际民航组织以《通告303－AN/176》的形式发布了有关运行程序的指导材料，用以尽量减少航空燃料使用和航空排放。该通告包括飞机地面和飞行操作信息，以及地面服务设备和辅助动力装置等信息。国际民航组织对于通过航空运行措施限制和减少航空排放的规管具有建议性，更多依赖于各成员国将其建议性指导材料转化成为政府命令，并由成员国政府部门监督和实施，其在运行程序和空

---

① 国际民航组织A37－18号决议，附录H。

中交通方面取得的进展,进一步减少了航空器对当地空气污染的影响。

(三)出台有关排放收费的政策性指导

国际民航组织理事会于1996年以决议形式通过了《关于与排放有关的收费和收税的临时政策声明》。在该声明中,理事会强烈建议任何此类款项征收均应以收费而非收税的形式进行,收集的资金应首先用于减轻航空器发动机排放对环境的影响。此类收费应根据减轻航空器发动机排放的环境影响的成本来征收,同时此类成本应当能够适当确定并可直接归因于航空运输且无差别和歧视。2010年国际民航组织大会A37-18、2013年大会A38-17以及2016年大会A39-1号决议附录H,继续确认1996年关于排放有关收费政策的持续有效性,敦促各缔约国确保尽可能最高程度地遵守并适当地考虑到国际民航组织关于与当地空气质量有关的排放收费的政策和指导原则。

为了不断更新上述机制,更好地限制或减少航空排放对当地空气质量的影响,国际民航组织要求理事会继续开展工作,制定技术上可行、环境上有利和经济上合理的标准,继续促进运行和空中交通的改进,欢迎制定关于涉及当地空气质量的排放收费的指导,要求理事会使此种指导保持最新状况。

二、有关气候变化的实施机制

1999年应国际民航组织请求,政府间气候变化专门委员会(IPCC)与《消耗臭氧层物质的蒙特利尔议定书》科学评估小组协作编写了《航空与全球大气》的特别报告,承认一些类型航空器排放的影响已被充分认识,其他类型的航空器排放影响并未被充分认识。确认目前国际航空排放占全球二氧化碳排放总量2%以下,同时,预计会由于该行业的继续发展而增长。国际民航组织有关航空与气候变化方面的实施机制主要包括:

(一)确立国际航空温室气体排放中期目标

在航空温室气体排放的限制方面,国际民航组织注意到全球平均气温上升与工业化前的水平相比不得超过2摄氏度的科学观点及《联合国气候变化框架公约》的最终目标是将大气中温室气体的浓度稳定在防止气候系统受到危险的人为干扰的水平。加之《京都议定书》呼吁发达国家(附件一所列缔约方)通过国际民航组织谋求限制或减少“航空舱载燃料”(国际航空)产生的温室气体排放。因此,国际民航组织设定了至2050年每年2%燃油效率改进的相对减排目标和2020年起航空碳中和增长的绝对减排目标。

(二)鼓励各国提交国际航空温室气体减排行动计划

国际民航组织决定,由各国和有关组织通过国际民航组织开展工作,实现上述目标。同时,认识到各国对气候变化相关的挑战做出回应的能力不同,因此,同意上述目标并不对个别国家构成具体义务,发展中国家和发达国家的不同情况、各自能力和航空排放进入大气的温室气体浓度的数量,将决定每一个国家如何能自愿帮助达成全球理想目标。A37－19号决议第9段规定:“鼓励各国向国际民航组织提交其行动计划,阐述其各自的政策和行动,并每年报告关于国际航空二氧化碳排放的情况。”①A37－19号决议第10段规定:“邀请那些选择编制其行动计划的国家尽快并最好在2012年6月底前向国际民航组织提交该项计划,以便国际民航组织可以汇编实现全球理想目标的资料,并且该行动计划应包括关于各国考虑采取的一揽子措施,其中反映各国能力和情况,以及任何需要具体援助的资料。”②

国家行动计划是各国向国际民航组织提交的用于说明本国处理国际航空减排所采取的措施及进展的报告。在国家所提交的有关于二氧化碳减排活动的国家行动计划中主要包括基线设想,即在该国不采取任何二氧化碳减排措施的情形下预计到2050年国际航空的二氧化碳排放量,为减少国际航空运输温室气体所采取的措施一览表,以及采取减排措施后2050年国际航空可能产生的二氧化碳排放量。为此,ICAO专门建立了网络信息公开页面和充分的技术支持,同时还制定了旨在促进国家行动计划与二氧化碳减缓措施拟定的文件《关于制定国家二氧

① 国际民航组织A37－19号决议第9段。
② 国际民航组织A37－19号决议第10段。

化碳减排活动行动计划的指导》(Doc 9988)。[①] 此外,ICAO 在第 39 届大会 A39-2 项决议中再次鼓励各国提交自愿行动计划,并每年报告其国际航空二氧化碳的排放情况。[②] 国家行动计划应每 3 年提交一次,以便国际民航组织及时更新实现全球理想目标的量化资料。根据 ICAO 官网提供的数据,现阶段已经有占全球总收费吨公里 92.3% 的 111 个国家向 ICAO 自愿提交了国家行动计划。

国际民用航空组织为了促使成员方积极制定并提交国家行动计划专门制定了《行动计划的指导》(Doc 9988)。[③] 在该指导文件中从协助编制、理解目标、促进合作和审议各国措施等几个方面入手为各国提供指导。[④] 且秘书处已经在总结国家及理事会反馈和建议的基础上出版了 Doc 9988 第 2 版,在第 1 版的基础上以更直接的方式拟定计划,各个国家甚至可以直接按照文件的章节顺序制订本国的行动计划。首先,Doc 9988 中指出成功制订国家行动计划的先决条件之一即为明确每一个利益攸关方的作用和责任,设立国家级执行机构进行具体的工作分配,并将责任细化到个人,具体负责国家与 ICAO 之间的联系和对接工作。[⑤] 其次,在 Doc 9988 第 3 章中秘书处专门就估计现在及将来航空燃料的消耗和二氧化碳排放的基线确定方法进行了介绍,对此 ICAO 将定期编制全球和区域客货运全球预测。再次,在第 4 章中对限制或减少国际航空运输产生的二氧化碳所采取的"一揽子"措施与如何量化措施实施后所产生的影响这两个方面提供了详细的指导,其中"一揽子"的减排措施包括:技术的提升、燃料的替代使用、机场与空中交通管理的改善、市场措施的适用等几个方面,其中不可避免地涉及 CORSIA 项下各种检测工具的适用。最后,Doc 9988 强调了在行动计划中明确援助需求的重要性及在后续实施过程中国家及 ICAO 的监督。ICAO 为了最大限度地为成员国

---

① See ICAO, "State Action Plans-Frequently Asked Questions", Accessed April 5, 2019. https://www.icao.int/environmental-protection/Pages/ActionPlan-Questions.aspx.

② 国际民航组织 A39-2。

③ See ICAO, Renewable Energy for Aviation: Practical Applications to Achieve Carbon Reductions and Cost Savings, 2017, p. 2.

④ ICAO, Doc 9988, chapter1 Introduction, 1.2.2, p. 2.

⑤ ICAO, Doc 9988, chapter2 Action Plans, 2.6.4, p. 6.

提供指导和技术性支持，促使更多的缔约国提交行动计划，还在基线的确定等方面制定了更为详细的配套文件。

（三）设定综合性基于市场措施的指导

鉴于以市场措施控制和减少航空排放的复杂性和探索性，国际民航组织就各国在设计和实施国际航空市场措施方面制定了总括性指导原则。国际民航组织2010年大会决议A37－19“附件”中列明了15项设计和实施国际航空基于市场措施的指导原则：

1. 基于市场的措施应支持国际航空部门的可持续发展；

2. 基于市场的措施应支持减缓国际航空的温室气体排放；

3. 基于市场的措施应有助于全球理想目标的实现；

4. 基于市场的措施应透明且行政上简易；

5. 基于市场的措施应具有成本效益；

6. 基于市场的措施不应重复，国际航空二氧化碳排放量只应计入一次；

7. 基于市场的措施应尽量减少碳泄漏和市场扭曲；

8. 基于市场的措施应确保，与其他部门相比，公平地对待国际航空部门；

9. 基于市场的措施，在航空燃油效率方面及在减少航空排放的其他措施方面，应认识到过去和未来的成就与投资；

10. 基于市场的措施不应对国际航空施加不适当的经济负担；

11. 基于市场的措施应便利对所有碳市场的适当准入；

12. 基于市场的措施应酌情根据以二氧化碳减排量或避免排放量所量度的绩效，相对于其他措施来进行评估；

13. 基于市场的措施应包括微量豁免规定；

14. 对于基于市场的措施产生的收入，强烈建议应该首先用于减缓航空器发动机排放对环境的影响，包括减缓和适应，以及援助和支持发展中国家；

15. 通过基于市场的措施实现的减排，应在各国的排放报告中列明。

国际民航组织敦促各国在设计新的和执行现有的国际航空基于市场措施时，

遵守附件所列的15项指导原则,并与其他国家开展建设性双边和/或多边磋商和谈判,以便达成协议。此外,国际民航组织还要求理事会在各成员国支持下开展工作,制定一个国际航空基于市场措施的框架,包括进一步阐述附件中所列的指导原则,供2013年国际民航组织大会第38届会议审议,并于国际民航组织2016年第39届大会上成功制定A39-3号决议:国际民航组织关于环境保护的持续政策和做法的综合声明——全球基于市场措施计划。

(四)支持援助发展中国家

国际民航组织确认《气变公约》及《京都议定书》中关于共同但有区别的责任及各自的能力并由发达国家率先的原则和规定,认识到各国对气候变化相关的挑战做出回应的能力不同,以及需要提供必要的支持尤其是对发展中国家和有具体需要的国家,确认应开始启动具体措施去援助发展中国家,以及便利获得财务支持、技术转让和能力建设。国际民航组织要求理事会:(1)研究、查明和制定进程和机制,促进向发展中国家提供技术和财务援助,并便利其获得现有的和新的财务资源、技术转让和能力建设,并将其取得的进展,包括制定的进程和机制、取得的成果以及进一步的建议在2012年年底以前初步报告并向大会第38届会议提出报告;(2)着手采取具体措施援助发展中国家,并便利其获得财务资源、技术转让和能力建设。①

在ICAO建立的国际航空碳抵消与减排计划中,支持援助发展中国家体现为"伙伴关系"。ICAO为了鼓励国家尽早加入抵消计划以促进本国航空运输的绿色发展,开展了CORSIA伙伴关系。② 在伙伴关系下捐助国的技术专家将为接受国提供现场培训,并密切跟进接受国MRV体系的准备和实施进程。③

① 国际民航组织A37-19号决议第22条。

② See ICAO, Training of Trainers under the ACT-CORSIA Buddy Partnership, p. 1.

③ See ICAO, Transforming the Global Aviation Sector: Emissions Reductions from International Aviation, p. 1.

第五节　航空排放国际法治现状评价

国际民航组织历次大会均将航空减排作为重要议题进行磋商、讨论，并形成了一系列相关决议、附件、指导材料和建议措施。从范围上讲，国际民航组织对航空排放的规制涵盖了航空排放对当地空气质量的影响和航空排放对全球气候变化的影响两个议题；从内容上讲，国际民航组织对航空排放的规制包含了航空减排的目标、原则、措施、行动计划等多个方面；从实施机制上讲，国际民航组织采用了强制实施、鼓励实施、建议实施和自愿实施相结合的综合性实施机制。

综观国际民航组织对航空排放的规制，大体经历了如下演进和变化：

第一，从关注地面环境到关注全球气候变化。20 世纪 90 年代前，国际社会集中于对航空器发动机排放引起的当地空气质量进行法律规制，关注于机场及机场周围地面环境的改善。20 世纪 90 年代之后，基于人类对全球气候变化科学认识的提高和普遍关切，1992 年联合国环境与发展大会通过了《气变公约》，1997 年又通过了《京都议定书》。在《京都议定书》第 2.2 条对于航空排放做了原则性反致规定，将其交由国际民航组织继续努力。[①] 此后，国际民航组织环境保护的工作重心逐渐转移到更为关注航空器温室气体排放引发的全球气候变化及相关政策和应对措施上。

第二，从主要规定技术标准到综合采用各种措施。在对航空排放问题进行法律规制时，早期的法律规则手段主要是对各种不同型号的航空器制定有害气体排放标准，这对于从源头上控制和减少航空器对环境的有害影响是有效的。但是，除技术措施外，合理的空中交通管理与规划、有效的运行措施对航空环境的改善也是有益的。此外，技术标准能够淘汰落后者，却不能激励先进者，而采用市场措

① 《京都议定书》第 2.2 条规定："附件 1 所列缔约方应分别通过国际民用航空组织和国际海事组织做出努力，谋求限制或削减飞机和船舶用燃油产生的《蒙特利尔议定书》未予管制的温室气体的排放。"

施,如收费措施和排放权交易等,却可以激励航空环境改善进程中的先进者。因此,国际民航组织对航空排放的规制正日益从发展技术性规范扩展到包含收费、收税和排放权交易等更为广泛的内容。

从航空排放国际法治的现状来看,表现出以下特点:

第一,规制全面。由于航空排放污染物种类多、影响面大、污染源不固定,因此,对航空排放的国际法治是一个复杂的系统工程。如果由《气变公约》和《京都议定书》来对航空排放进行规制,则只能局限于航空温室气体排放;如果由《蒙特利尔议定书》对航空排放进行规制,则只能局限于航空排放中破坏臭氧层的物质;而且,这些国际环境公约在规制时均无力顾及航空排放的特殊性。相较而言,目前国际民航组织对航空排放的规制是较为全面的。尽管根据国际民航组织发展国际航空的宗旨和目的,其在规制航空排放时不处理国内航空排放,但其对国际航空排放的规制较为全面。国际民航组织针对国际航空排放对当地空气质量的影响和国际航空排放对全球气候变化的影响两类不同问题,确定了不同的环境保护目标,采用了不完全相同的措施和实施机制,并顾及了它们的相互关系及它们与航空噪声之间的相互依存性。

第二,注重协调。国际民航组织现有 192 个成员国,基本上涵盖了世界上各主要国家,既有发达国家亦有发展中国家,既有航空业发展强国也有航空业发展弱国。国际民航组织理事会由大会选出的 36 个理事国组成,具有足够的代表性,包括:其一,在航空运输方面占主要地位的各国;其二,未包括在其他项下的对提供国际民用航空航行设施做出最大贡献的各国;其三,未包括在其他项下的其当选可保证世界各主要地理区域在理事会中均有代表的各国。国际民航组织努力协调航空业成熟国家与航空业发展中国家、航空活动量大国与航空活动量小国、航空业可持续发展与环境保护、“航空业平等及公平原则”与“环境保护共同但有区别责任原则”等矛盾体之间的冲突和协调,较为充分地反映国际协调利益。此外,国际民航组织在规制航空排放问题时,也十分注重与《芝加哥公约》《气变公约》《京都议定书》及双边航空运输协定之间的协调,重视和其他组织机构的沟通与合作。

第三,全球统一。国际民航组织以芝加哥公约附件机制制定的航空发动机排放标准全球统一,对会员国具有强制适用的效力,会员国如果意图背离某标准,需要履行芝加哥公约规定的通知程序,而这通常面临很大压力,因此,国际民航组织制定的航空发动机排放标准得到广泛遵守。国际民航组织发布的规制航空排放的各类声明、决议、指导原则、建议措施,也是全球协调意愿的体现。此外,在控制航空温室气体排放上,国际民航组织也尽力将所有成员国家和有关组织纳入其统一行动框架,确定了行业整体减排目标和各国可供采用的措施及行动计划,较好地实现了一定灵活性基础上的全球统一。

第四,灵活推进。国际民航组织作为一个拥有192个会员国的庞大组织体,在规制航空排放问题时,体现出灵活性的推进策略。具体体现为:首先,公约附件遵守的灵活性安排;其次,大会决议的保留;最后,强制实施、鼓励实施、建议实施和自愿实施相结合的综合性实施机制。

航空排放国际法治目前的进展尽管具有以上值得肯定的方面,但也存在以下不足与问题:

第一,效力有限。目前,在航空排放对地面空气质量的影响方面以芝加哥公约附件机制形成的“硬法”规范,对缔约各国有相对强制的法律约束力,但数量不多,领域有限。除此之外,国际航空排放问题主要表现为大量“软法”规范,尤其是在“航空与气候变化”方面通过的决议、指导原则、政策建议和宣言等均属于“软法”范畴,对各成员国并不具有严格意义上的法律约束力,效力较为有限。

第二,效率不高。国际民航组织在规制航空排放方面的任何一项工作,都有赖于众多会员国及不同利益方的集体协作和配合,这显然会影响到国际民航组织的工作效率。客观而言,对航空排放的国际法治取决于人类社会对航空排放环境影响的科学认识,航空排放对环境的影响,规制航空排放的各类措施的技术和经济研究,这些均需要花费时间。因此,国际民航组织在规制航空排放问题上进展难以加快，加之，国际航空减排法律框架涉及各国管辖权的协调，航空业未来发展的国际格局，关涉各国核心利益，此项工作并非一蹴而就。因此，尽管国际民航组织十分努力，但截至目前，尚没有达成对会员国具有法律约束力的、可量化的航空温室气体减排协议。

第三，代表性不足。国际民航组织是联合国体系下的专门机构，其宗旨和目的在于发展国际航行的原则和技术，并促进国际航空运输的规划和发展。该组织目前已有会员国 192 个，从代表的普遍性来讲，具有普遍性、全球性特点，但是，参加国际民航组织各项工作的代表和专家多来自本国的航空管理部门或研究部门，他们与航空行业的整体发展具有一定的利益关系或偏好倾向，这可能会影响其决策的公正性。例如，在国际航空环境保护的基本理念上，如何协调国际航空可持续发展与环境保护之间的内在张力，国际民航组织的观点与国际环保组织的观点就可能有所不同。

第四，关键领域难以协调。“航空与气候变化”问题已经成为国际航空排放法律规制的关键领域，但这一领域的协调十分困难。“气候变化”是一个复杂且长期的议题，“航空与气候变化”问题远比航空与地面空气质量问题复杂，尤其是在通过“市场措施”减少航空温室气体排放方面，早已超出技术规范范畴，关涉航空运输发展权、世界航空运输格局重塑、排放权交易市场主控权等敏感的政治、经济利益争夺，国际社会存在很大分歧。

第六章　航空排放国际法治：未来发展

预测未来被认为是一个傻瓜的游戏。马尔萨斯曾在1798年预测，由于人口呈几何倍数增长，人口的增长将超过农业的增长，将带来饥饿和疾病，最终人类将减少生存。当时，他预测地球大约能承载10亿人。但今天，将近60亿人生活在这个星球，而人类饥饿的比例却有所下降。马尔萨斯没有预见到，农业生产、农药、肥料、灌溉、基因工程和抗旱品种的种子与技术改进方法相结合，将扩大地球的承载能力，以支持日益增长的人口。

事实上，航空排放的未来也可能与某种不可预见的技术发展相结合，使人类可以更有效地利用能源，降低航空排放对环境的影响。① 但现阶段来自人类活动环境损害的危险迹象日益明显：臭氧层空洞、酸雨、地表水枯竭及热带森林的破坏等，国际社会不可能对此无动于衷。在此背景下，国际社会在航空排放的法律规制也会继续推进。

第一节　航空排放国际法治发展的影响因素

一、航空排放国际法治发展的制约因素

尽管在国际民航组织的推动下，航空排放的国际法治取得了一些进展，形成

---

① See Paul Stephen Dempsey, "Trade & Transport Policy in Inclement Skies-The Conflict between Sustainable Air Transportation and Neo-Classical Economics", *J. Air L. & Com.* 65, 2000, p. 661.

了以“附件”为形式的具有相对强制效力的规范和一些以决议、声明、宣言等为表现的“软法”性质的规范，但也可看出，航空排放的国际法治存在进展缓慢、强制效力不高、行业代表性明显等问题，特别是在“航空与气候变化”方面，不足之处体现得尤为明显，航空排放国际法治裹足不前。究其原因，在于受到以下因素制约：

第一，科学理解不确定。在气候科学领域，鉴于地球气候系统极高的复杂性，当前科学界对于温室气体和气候变化的认识还很不清楚，远未形成定论。[①] 气候变化作为能够左右数万亿公共政策的科学，远非仅为科学问题本身，它与复杂的国际政治、经济、外交关系相互交织，进一步增加了气候变化科学理解的不确定性。具体到航空温室气体排放与全球气候之关系，联合国政府间气候变化专门委员会(IPCC)曾于1999年发布《航空与全球气候》的特别报告。报告承认，就航空排放对全球气候某些方面的影响已经十分了解，但是，如飞机卷云、凝结尾迹和雾及氮氧化物、甲烷等对气候的影响则并不了解。一些关键领域或问题上科学的不确定往往会限制和制约相关措施和规则的达成和执行。

第二，各国航空环境利益不一致。尽管气候变化是一个典型的全球问题，但其间各国具体的航空环境利益并不一致。航空业成熟国家与航空业发展中国家、航空活动量大国与航空活动量小国及小岛屿国和石油国等均有着不同的利益考虑。例如，欧盟的航空业十分成熟、低碳经济与技术世界领先，这些因素促使其成为航空环境政策推进的“急先锋”。欧盟于2008年通过2008/101/EC指令，将航空排放纳入欧盟温室气体排放交易体系。[②] 但欧盟此举遭到包括美国在内许多

---

① 参见沃伦·迈耶(Warren Meyer)：《气候变化怀疑论者的科学根据》，载福布斯中文网：http://www.forbeschina.com/review/201010/0004358.shtml，最后访问日期：2012年10月19日。

② See Directive 2008/101/EC of the European Parliament and of the Council of 19 November 2008 amending Directive 2003/87/EC so as to include aviation activities in the scheme for greenhouse gas emission allowance trading within the Community. http://www.Lexisnexis.com/ap/auth/.

国家及广大航空公司的反对。[①] 美国对欧盟将国际民用航空纳入欧盟排放机制不满，认为欧盟此举违反了1944年《芝加哥公约》规定的欧盟成员国的国际义务和双方签订的航空协定。[②] 美国大陆航空、美国航空、美联航和美国航空运输协会更是采取了实际行动，将一纸诉状递到英国的法院，要求阻止欧盟将于2012年开始执行的将全球进出欧盟的航空公司纳入欧盟排放交易体系的规定。[③] 中国作为航空业发展中国家，对欧盟航空排放交易政策不区分发达国家和发展中国家的"单轨制"做法也有不同意见。[④]

第三，国际航空环境法基本理念不清晰。以《芝加哥公约》为基础的国际航空法确立的是"平等、无差别、不歧视"的基本理念，以联合国《气变公约》为基础的国际环境法确立的是"共同但有区别责任"原则，究竟如何协调这两种基本理念和价值体系的冲突，何者优先，是未来国际航空环境法必须解决的。此外，航空增长可预见的持续性与环境保护之间的内在张力决定了国际航空环境法还必须处理好航空可持续发展与环境保护之关系，必须明确此二者的优先位序。目前，在价值冲突背景下，如何确立国际航空环境法的基本理念，这个问题尚没有很好解决。

第四，关键领域制度构架存在严重分歧。可以预见，今后一段时期内"航空与气候变化"问题将成为航空排放国际法律规制的关键与核心，但这一领域的制度构架十分困难。"气候变化"是一个复杂且长期的议题，"航空与气候变化"问题远比航空噪声和地面空气质量问题复杂，尤其是在通过"市场措施"减少航空温室气体排放方面，早已超出技术规范范畴，关涉航空运输发展权、世界航空运输格

① See Daniel B. Reagan, "Putting International Aviation into the European Union Emissions Trading Scheme: Can Europe Do it Flying Solo?", *B. C. Envtl. Aff. L. Rev.* 35, 2008, pp. 366 – 369.

② See Sean Lengell, "Europeans Eye Tough Emissions Rules for Airlines, Wash. Times, 2006 – 12 – 21(3).

③ See Vittoria Giugi Carminati, "Clean Air & Stormy Skies: The EU-ETS Imposing Carbon Credit Purchases on United States Airlines", *Syracuse J. Int'l L. & Com.* 37, 2010, p. 127.

④ 参见陈姗姗：《美航企告欧盟征碳排放费，中国民航局吁区别对待》，载《第一财经日报》2009年12月22日，第10版。

局重塑、排放权交易市场主控权等敏感的政治、经济利益争夺,国际社会存在很大分歧。

二、航空排放国际法治发展的推动因素

尽管存在上述制约因素和发展障碍,但依然有很多因素会推动和促进航空排放国际法治继续朝前发展,包括:

第一,科学认识会不断提高。科学界不会中断对地球气候系统的探索,同样也不会中断对“航空与气候变化”问题的研究。继1999年政府间气候变化专门委员会(IPCC)发布《关于航空与全球气候》的特别报告后,此方面的内容不断更新,目前,最新版本是2018年发布的第六次评估报告。此外,《国际民航组织2016环境报告》更是详尽反映了此方面的最新成果。① 科学认识的不断提高,会使相应的法律措施和规则更具合理性。

第二,航空技术会不断进步。航空技术不断进步,既体现在航空燃油、运营效率不断提高上,也体现在航空可替代燃料的开发与部署上。航空可替代燃料实际上已经存在,只是尚没有足够的数量用以满足商业航空整体燃料需求。航空替代燃料是传统喷气燃料的替代品,完全可以互换,并与常规喷气燃料兼容。航空替代燃料的生产来自可再生生物质油,能够减少航空温室气体排放量,并因此减少航空对全球气候变化的影响,从中短期来看,航空业将很大程度上依赖航空替代燃料液体油。航空技术进步会推动国际航空环境法律规制的发展,同时,国际航空环境法律规制也为航空技术进步提供制度性保障。

第三,国际气候谈判会不断推进。1992年开始的气候谈判过去了整整20年。1992年开始的气候变化谈判经过五年的艰苦努力,于1997年在日本京都签订了《京都议定书》。《京都议定书》的缔约方,包括发展中国家,都积极参加了谈判,减排的目标、义务和责任主要由附件一中的国家,也就是发达国家和经济转型的国家来承担。15年后二氧化碳排放形势发生很大变化,发达国家和发展中国家

① 该报告通过与科学界共同努力,建立模型和数据库,以2006年为基点细述了直至2056年航空增长与气候变化之间的科学预测。

的排放总量基本上旗鼓相当。随着时间的推移,发展中国家的碳排放将会远远超过发达国家总排放量,在2050年达到全世界排放总量的70%以上。碳排放形势的变化带来了国际气候谈判中的变化。2007年巴里路线图中的双轨制谈判,经过5年的努力,进展差强人意。发达国家要求主要的发展中国家也要承担减排责任,许多小岛国和贫穷的发展中国家也有同样的要求,发展中国家的主要排放国也有自身减排的要求,"德班平台"适应这种变化形势产生。此后《巴黎协定》生效,2018年12月12日,联合国新一轮的气候变化大会于波兰卡托维兹举行。在国际社会上有关于气候变化的谈判与会议仍在不断推进,各主权国家仍在共同努力。

第四,国际共识会不断增加。尽管各国存在不同的航空环境利益,但共同的地球利益仍会促使国际社会在一些关键领域共识不断增加。与其他谈判不同,应对气候变化是全人类的共同利益,在气候变化谈判中能区分在气候变化上的保守、落后,甚至起到负面作用的国家,但没有对立的"敌人"。在航空排放的国际法治上不能采取零和博弈,应该采取双赢的策略;不是利己的最大化,而是矛盾的最小化,不是要表现出咄咄逼人、固守立场和争取本方最大利益为出发点,而是应尽可能地谋求国际共识的达成。

综合上述各种因素,可以预见,今后一段时期内航空排放的国际法治会是一个艰难而又长期的在磨合中推进的过程。

第二节 航空排放国际法治未来发展的核心问题

一、航空排放国际法治的领导权问题

航空排放污染源可移动、污染区域高空性、全球性的特点,决定了航空排放国际法治与区域法治和国内法治相比,具有更为重要的作用,国际社会将会继续在此方面做出努力。航空排放的国际法治,目前主要通过国际民航组织开展工作,尽管存在规制效力不高,进展缓慢等不足,但总体上,国际民航组织在规制航空排

放问题方面,具有技术、经验、组织系统、全球范围内全面规制等优势,这些优势是国际民航组织在民用航空方面长期积累的结果。就目前国际社会的现实情况而言,尚没有更为合适的国际组织能够取代国际民航组织在航空排放国际法治方面发挥领导作用。因此,国际民航组织应该继续会在航空排放未来的国际法治进程中发挥总体性的领导作用。当然,航空排放国际法治的专业性、复杂性和紧迫性,决定了国际民航组织在具体工作方式方面应该有所改进。例如,对"航空与气候变化"问题可以考虑增设特别委员会,并将其工作常态化,该委员会应注意吸收不同航空利益集团以及环保组织的代表参加。

同时,应当看到,国际民航组织领导作用的发挥存在较大局限性,其所拟定的规则除技术标准外,其他规则的框架性、指导性特点较为突出。进言之,国际民航组织在航空二氧化碳排放技术标准的制定方面、在航空运营程序规则的指导方面,具有的优势能够得到较为充分的发挥,但其在国际航空碳排放市场措施的构建方面,并不具有多少优势,反而显示出经验不足,并可能带来全球碳市场割裂等问题。在国际航空碳排放市场措施的构建方面,国际民航组织是否仍然是适当的机构,其究竟能够充当什么角色,是值得重新思考的问题。由于国际民航组织体系框架的局限性及国际航空碳排放市场机制构建的复杂性,国际民航组织在处理国际航空法的"平等、无差别"待遇原则和国际环境法的"共同但有区别责任"原则之间的关系方面,在国际航空碳排放市场机制措施的构建方面,以及在规则强制性效力的实现方面,目前表现得并不理想,未来如何发展面临诸多不确定性因素和多种可能。

未来的发展,国际民航组织应该继续会在航空排放的国际法治进程中发挥总体性领导作用,但某些关键性议题可能会发生剥离,交由其他国际组织和平台或与其他国际组织和平台合作解决。例如,《气变公约》的缔约方会议及"德班平台"可能会涉及国际航空温室气体减排法律机制的讨论,国际民航组织也存在与之协调的问题。可能的情形是,借用国际民航组织的平台形成国际航空温室气体减排市场措施的法律草案或国际条约草案,借用缔约方会议或"德班平台"使该法律草案或国际条约草案获得通过,并在符合生效要件后产生普遍性法律约束力,再借用国际民航组织的某特设机构监督条约的实施。

二、航空排放国际法治的国家利益问题

尽管讲“国际法治”,但并不是由“世界政府”来构建一个适用于整个国际社会的机制。国际民航组织领导作用的发挥也主要体现在提供平台、创造对话空间、倡导立法与政策导向、组织与推进国际社会立法等方面,其任何决议、决定的达成最终依赖于成员国多数的集体意愿。① 在航空排放国际法治进程中,国家仍是最基本、最重要的主体,不同国家利益集团之间的博弈最终影响和决定着航空排放国际法治未来的走向。

(一)欧盟国家

欧盟在气候变化全球法治进程中始终走在世界领先位置。欧盟于 2003 年建立温室气体排放交易体系(EU ETS),经过 10 余年的探索和发展,EU ETS 已经成为全球规模最大、最为成功的碳交易市场。欧盟 2008/101/EU 指令建立在 2003 年排放交易系统之上,是欧盟碳排放交易制度的修订和扩展。欧盟并不反对而是“全力支持”国际航空碳排放全球机制的构建,但作为气候变化法治进程的领跑者,他们对此领域的法治构架有着“特别高”的期待。欧盟委员会发言人汉森(Pia Ahrenkilde Hansen)曾表示,“欧盟将竭力以帮助达成多方一致的全球航空碳排放协议,但该协议要满足我们提出的条件。”②此前,欧盟气候行动司司长德贝克(Jos Delbeke)的言论则更为具体和清楚地表达了欧盟的“条件”,称其可以建议“有条件的暂停”欧盟航空碳排放交易指令的部分内容,前提是未来建立的全球航空排放气候保护体系都应胜过目前仅适用于欧盟的体系,全

① 参见何志鹏:《国际法治:一个概念的界定》,载《政法论坛》2009 年第 4 期。

② See Barbara Lewis,“EU aims to reach airline emissions deal: Commission”, Accessed July 12, 2012. http://www.reuters.com/article/2012/07/12/us-eu-airlines-carbon-idUSBRE86B0Y520120712.

球体系还必须对所有航空公司一视同仁，并设立短期降低排放的目标。① 可见，欧盟拟将“欧盟体系”作为“全球机制”的重要参照系，意图将其区域性碳排放交易法案国际化、全球化。

（二）以美国为代表的“伞形集团”

“欧盟体系”或“欧盟标准”显然不是美国想要的，因此，美国明确反对欧盟将国际航空排放纳入其碳排放交易体系。以美国、日本等发达国家为代表的“伞形集团”与俄罗斯、中国、印度、巴西等发展中国家在反对欧盟航空碳排放政策的过程中逐渐走到一起，形成了较为松散的“非欧盟国家阵营”。他们在取消或推迟欧盟航空碳排放交易制度、促进欧盟成员国同ICAO合作、找寻一条多边路径来解决国际航空碳排放问题等方面具有一定共识，发动了反击欧盟政策的《新德里共同声明》、《莫斯科宣言》、华盛顿会议等活动，并取得了阶段性胜利，但这一阵营在具体国际航空碳排放法律制度的构架方面存在难以弥合的分歧。美国一直强调美国政府不得签字同意“任何不同等对待发展中国家和工业化国家的，有具体目标和时间限制的条约”，这是美国长期未批准《京都议定书》的主要原因。②然而，恰是由于《京都议定书》将附件一国家和其他国家区别对待，广大发展中国家接受了《京都议定书》，并认为这是“共同但有区别责任”原则最为有效的体现。以美国为代表的“伞形集团”反对欧盟单边航空碳排放交易政策，也不会乐见国际航空碳排放全球机制成为“欧盟体系”的“翻版”，与此同时，这些国家在回避发达国家航空业历史排放责任、漠视发展中国家航空业发展权及反对“区别责任”方面，较之于欧盟国家更为强硬。

（三）发展中国家

在航空排放国际法治进程中，发展中国家需要维护未来航空业快速发展的

① See Jos Delbeke, “A New Flight plan-Getting global aviation climate measures off the ground. European Commission”, Accessed February 12, 2012. http://ec. europa. eu/clima/news/articles/news_2012020701_en. htm.

② See Janelle Veno, “Flying the Unfriendly Skies: The European Union's New Proposal to Include Aviation in their Emissions Trading Scheme”, *J. Air L. & Com.* 72, 2007, pp. 659 - 668.

排放空间，面临的最大挑战是“共同但有区别责任”原则的遵循问题。按照《京都议定书》之规定，附件一所列的工业国家需要承担强制性减排的条约义务，附件一以外的发展中国家不承担此方面的强制义务。《京都议定书》第2.2条更是规定：“附件一所列缔约方应分别通过国际民航组织和国际海事组织做出努力，谋求限制或减少航空和航海舱载燃料产生的《蒙特利尔议定书》未予管制的温室气体的排放。”即附件一国家有义务通过国际民航组织来限制或减少航空温室气体的排放，附件一以外的发展中国家没有此方面的义务。《巴黎协定》为了促使广大发达国家的参与，将国家的减排责任认定为国家的自主贡献，这其实也是发达国家与发展中国家利益妥协后的产物。但是，发展中国家，特别是中国、印度等发展中大国却越来越被裹挟到温室气体减排的国际谈判之中，并经受着越来越大的政治、舆论压力，其所坚持的“共同但有区别责任”原则正遭遇巨大考验。

以上关于航空排放国际法治的国际利益集团的分类只是一个粗浅的分类，实际上，随着整个世界经济、政治和外交形势的变化，以及气候谈判形势的发展，以上三大国家利益集团的格局会呈现合纵连横、分化组合的复杂形态。发展中国家有几个不同的集团组织，对不同的议题有着各自不同的观点表达。发达国家也是如此。欧盟、“伞型集团”和美国在气候变化问题上的分歧越来越大。例如，在欧盟中，一些经济发展和人均生活水平仍然比较低的成员国，如波兰、罗马尼亚等国，仍然要求更多的排放权，在经济危机的一次又一次的打击下，有些发达国家有可能会降级到发展中国家经济的发展水平，而发展中国家中有些国家也已经步入了发达国家的经济水平和生活标准。

三、航空碳中和增长的目标实现问题

航空减排目标的设定是航空减排措施和航空减排行动计划的基本依据。国际民航组织于2010年第37届大会上以大会决议的形式提出了国际民用航空集体中期（至2050年）全球理想目标，该目标具体体现在A37－19号决议的第4条

和第 6 条之中。[①] 其中,该决议第 4 条规定的每年 2% 的改进目标是通过提升燃油效率实现航空温室气体减排,这意味着如果航空运输量增长,则即使燃油效率提高,温室气体排放的绝对值仍可能会增加,因而属于相对减排的目标设定。这一目标设定能够相对减轻航空排放对环境的影响,得到了国际民航组织各成员国的接受。但是,决议第 6 条则没有这么好的命运。

该决议第 6 条设定,自 2020 年起实现航空碳中和增长,即 2020 年起国际航空二氧化碳排放的绝对值不再增长,这是绝对减排的目标设定和时间安排。为了尽可能协调各成员国在此问题上的不同立场和诉求,第 6 条在阐述该目标时,还特别附加了一项原则和六项考虑因素。尽管如此,决议第 6 条依然引发成员国数量空前的保留:比利时代表欧洲联盟及其成员国(27 个)和欧洲民航委员会其他成员国(17 个)、美国、中国、阿根廷、玻利维亚、巴西、古巴、印度、伊朗、伊拉克、阿拉伯利比亚民众国、巴基斯坦、沙特阿拉伯、委内瑞拉,以上 57 个国家对该决议第 6 条提出保留;此外,澳大利亚、加拿大、日本对该决议第 6 条 c 款提出保留。

尽管国际民航组织 A37 – 19 号决议根据《芝加哥公约》第 48 条之规定获得大会简单多数票通过,但在航空碳中和增长的目标设定上并未真正形成国际共识。甚至 ICAO 第 38 届会议以及 39 届会议所通过的:A38 – 18 号决议第 7 段及 A39 – 2 第 6 决议条款都受到了包括中国在内的部分国家的保留。在主要国家均提出保留的情况下,国际民航组织设定的 2020 年实现碳中和增长的绝对减排目

---

① 国际民航组织 A37 – 19 决议第 4 条规定:"决定各国和有关组织将通过国际民航组织开展工作,按完成的每收费吨公里所使用的燃油体积计算,在 2020 年之前,实现全球年平均燃油效率改进 2%,以及从 2021 年至 2050 年,实现全球年平均燃油效率改进 2% 的理想。"A37 – 19 决议第 6 条规定:"还决定,在不对个别国家构成具体义务的情况下,国际民航组织及其成员国将与有关组织携手努力,力求实现集体中期全球理想目标,即自 2020 年起将国际航空产生的全球净二氧化碳排放保持在相同水平,同时虑及:a)发展中国家的特殊情况和各自能力;b)各国的不同情况、各自能力和航空排放进入大气的温室气体浓度的数量,将决定每一个国家如何能帮助达成全球理想目标;c)有些国家在 2020 年以前可能采取更加雄心勃勃的行动,这可能抵消发展中国家航空运输增长增加的排放量;d)航空市场的成熟程度;e)国际航空业的可持续增长;f)在降低排放的技术和燃料以及其他减缓措施得到开发和部署以前,由于预期国际空中交通的增长,排放量可能还会增加。"

标和时间表缺乏普遍范围的约束效力，这为国际民航组织设定的2020年航空碳中和增长目标的实现带来巨大挑战，成为航空排放国际法治未来发展需要解决的核心问题之一。

四、航空碳排放全球市场措施的构建问题

国际民航组织曾经对国际航空碳排放市场措施中的收费、收税及碳排放抵消、交易等均作了一定的分析和评估，在分析和评估的基础上，放弃了“全球离境税”“碳税”等选项，限制性地接受碳排放收费、碳抵消和碳交易，此方面的规则体系尚在构建之中。国际民航组织市场机制专门工作小组于2012年3月向第195届理事会提交了四种基于市场措施的航空业减排备选方案，这四种方案综合了航空碳排放收费、碳抵消和碳交易措施。在2012年6月国际民航组织第196届理事会讨论后，决定放弃方案四，并将其余三种方案整合为一种方案。经过国际民用航空组织的多方讨论，最终于2016年第39届大会上通过了A39－3号决议：全球基于市场措施计划。

第三节　航空排放国际法治未来发展前景预测

尽管面临很大的挑战和发展难题，但在科学界、航空运输业界及其他利益相关者共同的持续性努力下，在国际民航组织及其会员国强烈政治意愿的支持下，随着科学认识的不断提高、航空技术的不断进步及国际共识的不断增加，航空排放国际法治的核心问题会在曲折中寻求解决，航空排放的国际规则体系会日趋完整、基本理念会逐步清晰、法律效力会不断加强。① 具体表现为：

第一，“航空与气候变化”问题日益成为航空排放国际法治的重点。由于国际社会对于航空器噪声和航空器发动机引发的地面空气质量问题关注较早，已经形成较为完备的“硬法”和“软法”规范体系，比较而言，对“航空与气候变

① 参见刘萍：《国际航空环境法的演进和发展》，载《北京理工大学学报》2012年第6期。

化”问题的关注历时较短，目前形成的均为“软法”规范，尤其是在通过市场措施减少航空温室气体排放方面国际社会还存在很大分歧，加之“气候变化”是一个复杂且长期的议题，并非短期能够解决。因此，今后一段时期内航空排放国际法律规制的重心将集中于“航空与气候变化”问题，会寻求一些突破性进展，特别是在基于市场措施减少航空温室气体排放方面。此外，航空环境治理中的融资、适应、可持续燃料开发等衍生问题，也将成为今后航空排放国际法律规制的关注点。

第二，发展中国家在航空排放法治上具有特殊性的基本理念将逐步得到确立。国际社会将越来越认识到完全不区分发达国家和发展中国家的不同情况，用同一尺度和规则去要求它们承担相同的航空环境责任，是不切实际的。区别基础上保证不歧视、保证机会平等，是真正意义上的平等，是实质上的公平，这与《芝加哥公约》“平等、无差别、不歧视”的基本精神并不矛盾。国际民航组织的 A37 - 19 决议即明确，“发展中国家和发达国家的不同情况、各自能力和造成大气中航空温室气体排放的含量的促成份额，将决定每个国家如何为实现全球理想目标做出贡献”，“继续研究政策性选择以限制或减少航空器发动机排放对环境的影响，考虑技术解决方案和基于市场的措施对发展中国家和发达国家的潜在影响”，“启动具体措施，协助发展中国家在财政资源、技术转让和能力建设等方面获得便利”。A38 - 18 号决议表示，“确认《气候变化公约》及《京都议定书》中关于共同但有区别的责任及各自的能力并由发达国家率先的原则和规定”，“目标并不对个别国家构成具体义务，不同情况、各自能力、发展中国家和发达国家造成大气中航空温室气体排放的浓度的情况，将决定每一个国家如何能自愿帮助达成全球理想目标”。[①] A39 - 3 号决议则明确，“回顾《气候变化公约》和《巴黎协定》，并确认其在顾及国情差异的情况下反映共同但有区别的责任和各自能力的原则”，“确认各国，特别是发展中国家，在气候变化影响前面的脆弱性、经济发展水

① 国际民航组织 A38 - 18 号决议：国际民航组织关于环境保护的持续政策和做法的综合声明—气候变化。

平，以及对国际航空排放的贡献等方面的特殊情况和各自能力，同时尽量减少市场扭曲"。①

第三，在航空可持续发展基础上保证其与环境相兼容的基本理念将逐步得到确立。环境保护的内在压力可能会使人们对航空可持续增长产生怀疑，但是，应该看到，航空可持续增长对于保障未来各国经济、贸易、商业、文化交流等各方面的持续增长和发展十分重要，如果为了保护环境而阻止、限制或抑制航空业的发展，并非明智之举，尤其是对于航空业发展中国家和航空业待发展国家而言，阻滞航空业发展的政策无异于因噎废食。明智的做法是，迅速采取行动，尽力减少航空对环境的不利影响，确保航空以与环境质量相兼容的方式持续发展。国际民航组织最近更新的 A37－18 决议即反映了这样的共识："敦促各国避免采取对国际民用航空的有序和可持续发展将产生不利影响的环保措施。"②

第四，区别基础上限制和减少航空温室气体排放的全球行动框架会逐步完善。在国际民航组织最近更新的 A37－19 决议中确定了量化的减少航空温室气体排放的全球目标，即在 2050 年之前实现全球年平均燃油效率改进 2%；具体措施上，不对单个国家分配义务，不处理国内航空，由各国向国际民航组织提交国际航空减排行动计划。③ 根据该决议，目前航空温室气体的相对减排目标已经形成，但绝对减排目标尚未形成普遍性共识；此外，各成员国目前并不承担实质性航空减排的国际义务。显然，限制和减少航空温室气体排放仅靠燃油效率改进是不够的，仅靠各成员国的自愿行动也是不够的。CORSIA 抵消计划在现有的框架下怎样进一步地协调发达国家与发展中国家的利益，尽可能地减少由于国际航空减排措施对发展中国家航空经济的发展所造成的扭曲作用，需要在今后的发展过程

① 国际民航组织 A39－3 号决议：国际民航组织关于环境保护的持续政策和做法的综合声明——全球基于市场措施（MBM）计划。

② Resolution A37－18，"Consolidated statement of continuing ICAO policies and practices related to environmental protection-General provisions，noise and local air quality".

③ Ibid.

中不断地完善。对此,笔者认为构建全球性国际航空减排规则应坚持“共同但有区别的责任”原则,充分考虑各国尤其是航空发展中国家的特殊情况,尽可能避免对其国内经济市场产生扭曲。① 因为发展中国家才是当前航空经济发展的主力军与航空器温室气体排放的主要来源,若减排规则无视广大发展中国家的发展需求与发展实际,不仅很难得到航空发展大国的支持与执行,无法实现预期的减排目标外,还不利于带动整个航空产业的发展,甚至会对国际贸易造成阻碍;而从另一个层面来讲,现阶段国际航空运输对气候环境所产生的不利后果在很大程度上是由航空发达国家造成的,以发展中国家现阶段的排放量与排放速度来讲,在未来几十年内也很难达到发达国家的历史排放总量。若是在国际航空减排框架中迫使发展中国家在相同的标准下与发达国家承担相同的责任,那么对于发展中国家来讲是十分不公平的,因为责任的主要承担主体本就不应该为发展中国家。②即便采取有区别的责任承担方式,尽可能地减少对发展中国家航空经济的限制和压力,当前国际航空对气候环境带来的不利影响也将大大小于发达国家国际航空过去对全球气候造成的危害后果。

但是,为了促使更多的发达国家能够参与到减排体系中,带动减排进程、最大限度地实现减排目标,在照顾发展中国家国内经济的同时,也应考虑发达国家的诉求。《京都议定书》的失败、美国退出《巴黎协定》等,在很大层面上都是由于发达国家不愿意承担主要的减排责任及对发展中国家的援助义务。③ 那么,在今后国际航空减排规则的制定与完善过程中,就可以在“区别责任”的基础上,通过允许发达国家承诺援助义务或以“过渡期”、减排义务的多种履行(例如,发达国家对发展中国家的援助行为也可以视作减排义务的履行)等方式,让发达国家在履行优先减排义务的前提下享有充分的自主选择权和灵活性;与此同时,也可以在

① 参见史玉:《国际航空排放全球共同治理机制构建》,载《国际论坛》2012 年第 3 期。

② See Michael Byers, Kelsey Franks, “Andrew Gage: The Internationalization of Climate Changes Litigation”, *Wash. J. Envtl. L. & Pol'y*7, 2017, p. 281.

③ See Maria L. Banda, “The Bottom-Up Alternative: The Mitigation Potential of Private Climate Governance After the Paris Agreement”, *Harv. Envlt. L. Rev.* 42, 2018, p. 357.

充分考虑每个国家实际情况的基础上对发展中国家采取设立“过渡期”或监测航空业整体发展水平的方式，逐步增加其减排义务的承担，缩小发达国家与发展中国家之间的责任差距，最后实现全球统一的减排标准。

第七章　航空排放国际法治：中国对策

由于航空排放的可移动性、高空性、全球性特征，航空排放引发的环境问题是国际社会共同面对的问题。在航空排放的国际法治进程中，可能会遇到这样或那样的阻碍，可能会一波三折，但整体上航空排放国际法治会是一个不可逆转的进程。我国作为国际民航组织一类理事国，航空运输量排名第二、国际航空运输量排名前十并处于高速增长期的国家，需要及时把握航空排放国际法治的发展态势，准确评估其对我国民航发展的影响，作出合理应对。

第一节　我国航空排放整体形势

依托于国民经济的持续快速发展，我国航空运输业发展速度在世界位居前列，发展规模仅次于美国，稳居世界第二位。随着我国航空运输业的规模扩张，从另一个方面来讲我国也将承担更为繁重的减排任务与国际责任。2014 年 11 月 11 日我国在与美国的联合声明中表示：预计在 2030 年左右我国将实现二氧化碳的排放峰值，并尽最大努力提前实现这一峰值，且准备在 2030 年将非化石燃料的消耗比例提升 20%，[①]此外我国在 2016 年 G20 杭州峰会中也明确表示将继续为应对全球气候变化问题不懈努力。航空运输排放及其治理问题十分严峻。

---

① See Kristina Daugirdas, Julian Davis Mortenson, "United States and China make Joint Announcement to Reduce Greenhouse Gas Emissions, Bolstering Multilateral Climate Change Negotiations", *American Journal of International Law*, January, 2015, p. 2.

一、我国航空运输业处在快速发展期

1949年11月2日，中国民用航空局成立，揭开了我国民航事业发展的新篇章。从这一天开始，中国民航迎着共和国的朝阳起飞，从无到有，由小到大，由弱到强，经历了不平凡的发展历程。特别是党的十一届三中全会以来，我国民航事业无论在航空运输、通用航空、机群更新、机场建设、航线布局、航行保障、飞行安全、人才培训等方面都持续快速发展，取得了举世瞩目的成就。①

2004年，民航行业完成运输总周转量230亿吨公里、旅客运输量1.2亿人、货邮运输量273万吨、通用航空作业7.7万小时。截至2004年年底，我国定期航班航线达到1200条，其中国内航线（包括中国香港特别行政区、澳门特别行政区航线）975条，国际航线225条，境内民航定期航班通航机场133个（不含中国香港特别行政区、澳门特别行政区），形成了以北京、上海、广州机场为中心，以省会、旅游城市机场为枢纽，其他城市机场为支干，联结国内127个城市，联结38个国家80个城市的航空运输网络。民航机队规模不断扩大，截至2004年年底，中国民航拥有运输飞机754架，其中大中型飞机680架，均为世界上最先进的飞机。2004年中国民航运输总周转量达到230亿吨公里（不包括我国香港特别行政区、澳门特别行政区以及台湾地区），在国际民航组织188个缔约国中名列第3位。2004年10月2日，在国际民航组织第35届大会上，中国以高票首次当选该组织一类理事国。②

"十一五"期间，中国民航规模显著扩大，旅客运输量超过10亿人，年均增长速度14.1%。在全球航空运输业和国内综合交通运输体系中，继续保持最快增长速度。随着我国航空运输业的规模扩张，我国航油消耗量逐年攀升。"十一五"头3年中国民航航油消耗量年均增速9.5%，航油成本年均增速24%。2008年全国民航航油消耗量接近1200万吨，航油成本892亿元。随着运力的逐年增长，这一数字还在不断翻新。

① 参见中国民航局：《中国民航发展概况》，载中国民航局网：http://www.caac.gov.cn/dev/zcfgs/MHGG/200707/t20070702_6034.html，最后访问日期：2012年4月10日。

② 同上。

“十二五”期间,中国民航仍将保持快速发展态势。预计,“十二五”期间,全行业的投资规模将在15,000亿元以上;到“十二五”末期,旅客运输量将达到4.5亿人;运输机场的数量将达到220个以上;机队规模将由现在的2600多架上升为4500架以上。① 尽管“十二五”航空运力的增长较“十一五”有所减缓,但根据民航“十二五”规划公布的数据,2015年,民航运输总周转量将达990亿吨公里,旅客运输量达4.5亿人次,货邮运输量达900万吨,年均分别增长13%、11%和10%。与全球航空运输量每年约4%~5%的增长速度相比,我国航空业处在快速增长期。但是正如《民航节能减排“十三五”规划》所述,我国仍存在意识淡薄、基础工作薄弱及人才匮乏、提升难度大等问题。综上所述,缓解减排压力、完善管理机制、强化法律指导、加强国际合作将是我国未来的主要任务。

二、我国航油利用效率较高但运行效率偏低

国家民航局、国家发展改革委于2008年12月15日印发的《民航行业节能减排规划》是我国目前发布的唯一一个民航行业节能减排规划,规划的基期为2005年,规划期到2015年。根据该规划提供的数据:2005年,我国民航业能源消耗总量约为1300万吨标准煤,约占综合交通运输能源消耗总量的8%(不含私人轿车,下同),综合交通运输能源消耗总量约占全国能源消耗总量的7.4%。全行业的二氧化碳排放量约为3000万吨,约占全国二氧化碳总排放的0.6%,约占综合交通运输二氧化碳总排放量的8%。

《民航行业节能减排规划》提出,我国民航业能源利用和排放呈现以下特点:

第一,航油利用效率逐年提高,处于国际先进水平。我国航油利用效率逐年提高,民航运输企业吨公里油耗逐年下降,1995~2000年吨公里油耗平均每年下降2.5%,2000~2005年吨公里油耗平均每年下降1.2%。由于机龄和机型方面的优势,我国民航业的燃油效率略高于美国。2005年我国民航业吨公里油耗为0.34千克,低于美国同年吨公里油耗0.38千克的水平,同年我国民航业客公里油

① 参见李家祥:《“十二五”期间民航仍将保持快速发展态势》,载中国网络电视台:http://news.cntv.cn/20110225/103474.shtml,最后访问日期:2018年2月25日。

耗为0.043千克,低于美国同年客公里油耗0.046千克的水平,也低于日本同年客公里油耗0.046千克的水平。

第二,能源结构主次分明,能源消耗以航油为主。航油的消耗量约占全行业能耗的94%,机场能耗约占3%,航空公司地面服务能耗约占2%,民航其他单位的能耗比重不到1%。航空公司航油能耗约占航空公司能源消耗总量的98%,国航、南航、东航三大航空集团占全行业航油消耗的75%以上。

第三,能源需求快速增长,能源成本比重上升。近年来,随着我国民航业的快速发展,行业航油消耗量以年均约12%的速度增长。由于航油价格的攀升,2006年年底我国航空公司航油成本占总成本的比例已由2000年的25%上升到40%。

第四,航空排放问题日渐突出,国际国内日益关注。国际航空界高度关注航空排放,虽然航空排放的温室气体只占全球排放总量的2%~3%,但因航空运输的国际性很强,与航海运输一道已成为国际应对气候变化的焦点之一,成为发达国家希望发展中国家承担温室气体减排义务的突破口。我国民航业发展迅速,航空排放也称快速增长的趋势,航空排放的温室气体由2000年的不到2000万吨增加到2005年的3000万吨左右,年均增长约15%。

第五,飞行运行效率偏低,航空减排国际差距较大。由于机型较新和机龄较短,我国民航业燃油效率高于美国、日本等发达国家。但在航空器运行效率方面,由于空域和航路限制,难以选择最佳航线、最佳飞行高度和速度,大大增加了航油消耗,不利于节能减排。行业缺乏科学完善的运行指导手册,相关飞行程序有待优化。

三、我国航空运输业节能减排压力巨大

从宏观上看,我国节能减排工作将持续面临经济快速增长和产业结构调整的压力。随着我国节能减排工作的不断深入,产业结构重型化情况的逐步转变,包括航空运输在内的交通运输业的能耗和排放比例将进一步提高。由于航空运输需求旺盛,民航业在综合运输中的能耗及排放比重会进一步上升,行业节能减排压力将不断增大。根据现在的国际通用的计算航空业的碳排放标准,以及我国广

泛使用3.15排放系数换算,我国2011年全民航二氧化碳排放量大概是5185万吨,如果以每吨10欧元为单位计算,我国航空业2011年碳排放的成本约5.2亿欧元,折合人民币约43亿元。①

为了加强对行业节能减排工作的指导,我国民航局成立了以局长为组长的民航节能减排工作领导小组,设立了专职的节能减排办公室,在控制航空排放方面做了大量的工作,而且在未来中国民航的发展中仍将节能减排作为民航非常重要的工作来抓。2011年4月,国家民航局颁布《关于加快推进民航业节能减排工作的指导意见》。该意见规定的减排目标是到2020年我国民航单位产出排放(吨公里能耗和吨公里二氧化碳排放)比2005年下降22%。具体分三阶段实现:

1.第一阶段——夯实基础阶段(2010~2012年)

完善行业节能减排组织架构和体制机制,出台相关支持政策,加强理论与技术研究,鼓励产学研结合,推广应用成熟技术,全面建立起适应国际节能减排发展趋势的技术和管理体系。到2012年,实现吨公里能耗和吨公里二氧化碳排放均比2005年下降11%。

2.第二阶段——全面推进阶段(2012~2015年)

在第一阶段基础上,从航空运输组织和运行的全过程推进节能减排关键技术的实施,初步形成节能减排技术、设备、产品国产化能力,全方位推进节能减排管理环境、制度环境和人文环境建设,大幅度缩小我国民航业节能减排水平与主要航空发达国家的差距。到2015年,实现吨公里能耗和吨公里二氧化碳排放均比2005年下降15%。

3.第三阶段——创新优化阶段(2015~2020年)

积极推进生物燃油技术和新型发动机等换代性技术的应用研究和推广,通过自主核心技术和产品创新,进一步优化内部资源配置,努力降低节能减排单位成本,根据国际与国内形势适时开展通过市场办法减少二氧化碳排放,使我国节能

① 参见赵林:《致力专业节能服务助推绿色民航发展》,载民航资源网:http://www.bcs.gov.cn/cms/viewarticle/15312,最后访问日期:2014年5月24日。

减排水平接近主要航空发达国家。到 2020 年，实现吨公里能耗和吨公里二氧化碳排放均比 2005 年下降 22%。

第二节　我国民航节能减排工作存在的问题

国家民航局、国家发展改革委于 2008 年 12 月 15 日印发的《民航行业节能减排规划》对于我国民航业节能减排工作存在的主要问题概括为六个方面：意识不强、投入不足、基础薄弱、空域利用效率不高、国际航空减排应对措施不足、系统协调和工作机制缺失。笔者认为，我国目前民航节能减排工作中的一些问题已经发生变化。

一、形势认识较准但基础薄弱

我国民航管理部门及各主要航空公司对我国航空运输业面临的航空减排国际国内形势和压力有着较清楚的认识。国内方面，节约资源和保护环境是我国的基本国策，建设资源节约型、环境友好型民航运输体系是落实和实践科学发展观，转变行业发展方式，促进民航又好又快发展的具体体现，也是我国由民航大国走向民航强国的必然要求。国际方面，飞行安全、航空保安、环境保护是国际民航界最关注的三项议题，民航业环境保护的核心是节省燃油和减少排放。保护环境是国际民航组织六大战略目标之一。美国新一代航空运输系统也将其作为六大目标之一。欧盟提出了“绿色天空”计划以减少航空对环境的影响，并通过立法程序建立欧盟航空碳排放交易制度。国际上控制航空温室气体排放和应对气候变化的斗争日趋激烈，并正在逐渐演变为争夺未来发展空间的重要手段。①

尽管我国民航管理部门及各主要航空公司对我国航空运输业面临的航空减排国际国内形势认识较为清楚，但相关基础性研究明显不足，支撑节能减排工作的理论体系和技术积累尚未形成。我国关于航空排放及其治理方面的研究虽已

① 参见国家民航局、国家发展改革委：《民航行业节能减排规划》，载豆丁网：http://www.docin.com/p-585421995.html，最后访问日期：2017 年 12 月 15 日。

有一些,但研究尚十分粗浅。例如,有关我国航空排放情况方面的数据采集研究,目前能够检索到的数据仅有最近几年和未来数年的,我国航空历史性排放情况、未来中长期(未来50~100年)排放预测及我国航空排放在全球航空排放中的占比等基础性、前瞻性、综合性数据缺乏,基础数据的缺乏会对我国航空发展战略布局、规划制定以及国际气候谈判的应对产生不利影响。

二、减排意愿较强但掣肘因素较多

无论从节约能源、降低成本,还是从环境保护而言,我国航空公司、机场和空管部门等都有节能减排的意愿。我国目前民航业节能减排的主要任务是以节约航油作为重中之重,提高能源利用效率,减少污染排放,提高运行效率作为首要任务,全面推进、重点突破。航空公司、机场、空管作为行业节能主体,均可以从不同方面开展节油减排工作。航空公司通过优化运力和航线航班,飞机操纵节油、减重和配载节油、维护保养节油、应用新技术等节油;地面服务通过提升机场运行效率、加大设施设备的节能改造、提高水资源利用效率、加强车辆用能管理、强化机场建设节能设计标准、加强计量设备的使用和管理等提升节能水平;空管通过提高空中交通协同运行能力、加快空管新技术应用、改进飞行程序设计、加强空管基础能力建设等节约能源。

航空运输节能减排工作涉及政府、航空公司、机场、空中交通管理及若干支持保障部门,具有非常强的系统性,节能减排很多工作离不开系统各方的协调配合。民航行业各利益主体目标有时并不一致,使一些具体工作在实际中很难推进。如在机场,使用地面电源替代飞机机载电源的工作,推进就比较缓慢。究其原因,就是因为机场与航空公司的利益不一致,一直没能制定出各方均可接受的定价标准。① 此外,提高空管保障能力,改善空域环境,是飞机节油和减排的主要潜力所在。我国空域管理需要考虑地缘政治、安全、军事利用等多种重要因素,空域管理新技术的开发和应用需要较长周期、雄厚的经费支持及高级管理和技术人员,我

① 参见李楠、董健康:《我国民航业节能减排面临的国际形势与行动对策》,载《综合运输》2009年第11期。

国在这些方面基础较为薄弱，掣肘因素较多。

三、减排目标较明确但措施机制不足

国家民航局、国家发展改革委于2008年12月15日印发的《民航行业节能减排规划》目标为：到2015年，行业节能减排标准，政策、监管、技术支持体系基本建成，节能减排体制机制基本完善，节能减排科技应用与研究取得新进展，节能减排文化深入人心，能源节约和污染排放控制取得明显成效；吨公里能耗和吨公里二氧化碳排放均比2005年下降15%，新建机场垃圾无害化处理率及污水处理率达到75%。① 2011年4月，国家民航局颁布《关于加快推进民航业节能减排工作的指导意见》。该意见规定的减排目标是到2020年我国民航单位产出排放（吨公里能耗和吨公里二氧化碳排放）比2005年下降22%。

值得肯定的是，这两个文件确定了未来数年我国民航业的相对减排目标，由于我国航空运输业处在高速增长期，相对减排目标的确定是合适的。相对减排目标的具体数值虽然低于国际民航组织大会决议A37－19确定的每年2%的燃油效率改进目标，但考虑到我国作为发展中国家的特殊情况和能力，确定符合自身情况且经过努力可以实现的相对减排目标也是我国的务实之选，且这也为国际民航组织大会决议A37－19文件允许。但是，2020年后我国民航相对减排目标的确定及绝对减排目标的研究工作也应适时开展。

减排目标的确定后能否实现及在多大程度上实现是问题的关键。目前，从国家民航局公布的相关文件来看，我国民航业节能减排目标较为明确，指导思想、基本原则较为清楚，但节能减排体制机制尚处在摸索和初建阶段，具体实施措施较少、规则不细、可操作性不强。该意见提出，“着力从行业生产组织和运行全过程加强节能减排管理”，运行措施的改进也是国际民航组织力推的减少航空排放的措施之一。2004年2月，国际民航组织以《通告303－AN/176》形式发布了有关运行措施的指导材料，用以尽量减少航空燃料使用和航空排放，国际民航组织的

① 参见国家民航局、国家发展改革委：《民航行业节能减排规划》，载豆丁网：http://www.docin.com/p－585421995.html，最后访问日期：2017年12月15日。

《国际航空减排运行措施新指南》也在制定当中。我国行业主管部门虽然也意识到运行措施改进对于节能减排的重要意义,但全过程运行指导监督的基础性规则及约束激励机制尚未建立起来。我国目前主要依靠政策推动、行政命令节能减排,民航业节能减排的市场措施和相应机制尚未建立。

第三节 航空排放国际法治的中国应对

航空排放国际法治是一个不可逆转的进程。我国航空排放基数大、增长快,在全球航空排放中占据较高份额,我国在航空排放问题上的政策措施备受国际社会关注。国际社会目前有关航空排放的国际法治处在初步建设阶段,在此阶段,我国应努力争取我国民航业快速发展的国际空间并加紧苦练内功,为未来强制性国际航空减排规则做好准备。

一、努力争取我国民航业快速发展的国际空间

航空排放国际法治进程必定是各国家利益集团博弈的过程,在此过程中,我国必须努力争取能够保障我国民航业快速发展的国际空间。

(一)重新考量国际民航组织在航空排放国际法治中的作用

如前所述,由于国际民航组织具有技术、经验、组织系统及全球范围内全面规制等优势,因此国际社会目前较为认可由其作为推动航空排放国际法治的主要平台。但仔细分析会发现,国际民航组织领导作用的发挥存在较大局限性,其所拟定的规则除技术标准外,其他规则的框架性、指导性特点较为突出。进言之,国际民航组织在航空二氧化碳排放技术标准的制定方面、在航空运营程序规则的指导方面,具有的优势能够得到较为充分的发挥,但其在国际航空碳排放市场措施的构建方面,并不具有多少优势,反而显示出经验不足,并可能带来全球碳市场割裂等问题。在国际航空碳排放市场措施的构建方面,国际民航组织是否仍然是适当的机构,其究竟能够充当什么角色,是值得重新思考的问题。由于国际民航组织体系框架的局限性及国际航空碳排放全球机制构建的复杂性,国际民航组织在处

理国际航空法的“平等、无差别”待遇原则和国际环境法的“共同但有区别责任”原则之间的关系方面，在国际航空碳排放市场机制措施的构建方面，在规则强制性效力的实现方面，目前表现得并不理想，未来如何发展面临诸多不确定性因素和多种可能。因此，一方面，我国应从大局出发，积极参加国际民航组织应对气候变化的各项工作；另一方面，对于国际民航组织在航空排放国际法治中能够起到的作用应进行客观、全面、准确的分析和评估，适时提出更为合理化的建议。

（二）努力寻求共同但有区别责任原则在航空排放国际法治中的实现

尽管欧盟国家与美国为代表的“伞形集团”之间的利益博弈会成为决定航空排放国际法治未来走向的主要力量，但中国及与中国存在类似发展问题的发展中大国也会对未来全球机制的构建产生重要影响。发展中国家需要考虑在航空排放国际法治的斗争中“共同但有区别责任”原则是否还有遵循的基础？是否真的可能被绕开？实际上，航空运输行业与其他行业从发展进度和排放历史责任角度来讲，没有太大区别，仍然是发达国家航空业在过去的数十年间获得了优先发展而且不加节制地向空气空间排放温室气体，发展中国家航空业历史排放量少，最近几年才开始快速发展，目前尚处在高增长期。根据 ICAO 的客流统计，2000～2010 年欧洲航空的年均增长率为 5.1%，预计 2011～2013 年增长率低于 4%，而亚洲太平洋地区 2000～2010 年均增长率 5.8%，预计 2011～2013 年增长率将会上升到 8% 以上。发达国家航空业已走过了快速增长期，现阶段谈论对航空排放的控制主要限制的是发展中国家航空业的未来发展空间。如果不顾历史事实及不同国家的能力和需要苛求发展中国家在航空减排上承担与发达国家相同的责任，这对于发展中国家是不公平的。在航空排放国际法治进程中，发达国家航空排放历史责任的承担、发展中国家航空发展权的维护仍然是发展中国家的基本诉求，而最能够体现这些诉求的仍然是坚持“共同但有区别责任”原则。某种意义上说，“共同但有区别责任”的实现即是“国际正义”的实现。

（三）准确评估航空排放国际法治进程中各种措施方案对我国的影响

航空排放国际法治进程目前处在规则拟定的初步形成阶段，其各种措施方案对我国的航空运输业、航空制造业及航空消费者等利益相关方所产生的影响，需要从法律、经济等诸方面进行准确而细致的评估，只有在此基础上，才能作出符合我国实际情况和利益的策略选择。目前来看，国际民航组织正在制定的航空器二氧化碳排放标准，会对航空器的国际制造商产生影响。由于我国并非航空器的主要制造商，因此仅对我国航空器的国际采购及航空制造业的环保技术革新产生一定影响，但影响不大。国际民航组织建议采用的航空运行程序规范，本身不具有强制性，其实施具有很强灵活性，对我国亦不会造成太大负面影响。国际民航组织采取的技术措施和运行措施的实施方案已基本成熟，可预见性较强，技术标准的遵行和运行措施的采用均具有一定灵活性，对我国影响较小，因此，我国对国际民航组织此方面的进展具有较强的可接受性。但是，在市场措施方面，由于许多重要的、有争议的问题留待以后解决，未来走向存在较多不确定性，不同的制度设计会对我国产生不同的影响，共同但有区别责任原则能否实现及如何实现，亦不能确定，如果国际航空碳排放市场机制的构建能与已有的清洁发展机制相结合，对我国不失为利好因素，但如果航空排放配额分配采用祖父制则对我国不利。总体上，市场措施会对我国产生较大影响，我国需要准确评估、谨慎对待。

二、系统开展航空排放问题的基础性研究

在国家民航局、国家发展改革委于2008年12月15日印发的《民航行业节能减排规划》中提出："开展的环境的影响问题建立在科学知识加强理论与技术研究，鼓励产学研结合，推广应用成熟技术，全面建立起适应国际节能减排发展趋势的技术和管理体系。"有关航空排放的研究包括诸多方面，大致可以归为两类：一是科学技术研究，如航空排放对地面空气质量的影响、对全球气候变化的影响、对臭氧层的影响，世界航空排放的整体状况、发展趋势，我国航空排放的历史状况、未来趋势，节能减排的技术路径等。二是管理措施研究，如技术标准如何制定？运行程序怎样安排？市场措施如何设计？不同的政策措施中哪些更符合经济效益原则？以上问题是影响航空排放法律法规、政策措施制定的基本依据，在航空排放措施推行之前必须前置研究这些问题。目前，我国这两方面的研究基础均十分薄弱。

笔者认为，除各航空公司、科研院所开展航空排放的科学研究工作之外，我国的民航局应加大民航局航空安全技术中心（中国民航科学技术研究院）研究节能减排的职能，或考虑专设节能减排法律政策研究室。国家民航局是我国航空事务行政主管部门，我国有关航空排放法律法规、政策措施大抵出自该部门。目前，该部门虽设有履行行政职能的节能减排办公室，但航空排放法律法规、政策措施推出之前，需要做大量研究工作，研究机构、人员、经费、机制最好具有相对的独立性，节能减排办公室并不适合也难以承担此项任务。因此，民航局可以考虑专设承担研究职能的节能减排法律政策研究室。该研究室可以具体实现三方面的职能：一是对航空排放法律法规、政策措施进行前置性、跟踪性、综合性研究，为航空排放法律法规、政策措施的制定、修改提供科学依据；二是从宏观层面对我国航空排放研究工作做一些科学规划，建立与其他研究机构的联系，整合研究资源，运用灵活机制推进系统性研究；三是指导、推广应用节能减排成熟技术。

三、逐步建立完善的航空减排法规体系

航空减排体系的建立和完善是一项系统工程，我国目前《节约能源法》《民用航空法》均有若干条款涉及此项工作，但目前立法规定存在缺漏和原则性较强的问题，一些减排措施需要细化的规则加以推进。

（一）扩大我国《民用航空法》“环境保护”的内容

我国 1996 年 3 月 1 日施行的《民用航空法》是我国航空领域的基本法，但涉及“环境保护”的，仅有第 67 条。该条规定：“民用机场管理机构应当依照环境保护法律、行政法规的规定，做好机场环境保护工作。”由于我国民航法制定当时认识上的局限性，仅规定了机场的环境保护，关注于机场附近空气质量的改善，对于航空温室气体排放问题及其他航空运输参与方的环境保护责任没有规定。以上立法不足会导致航空环境保护的责任主体偏窄、范围过小，应当在对我国《民用航空法》修订之时适时加以完善，扩大航空环境保护的主体，将航空公司、机场、空管以及各支持保障部门均纳入其中，环境保护的范围也不能仅限于“机场”，应当扩

大至整个航空活动过程。

(二)出台鼓励航空清洁燃油研发的支持办法

航空替代燃料是航空节能减排未来发展的一个有前景的技术路线。国际上十分重视航空替代燃料的开发和部署工作。2009 年 11 月,国际民航组织召开航空和代用燃料会议,展示了航空替代燃料的先进设备,讨论了航空替代燃料的可持续性、可行性、经济性,生产和基础设施等关键问题,大会还制定了《国际民航组织全球航空替代燃料框架》。我国在航空替代燃油的研发技术方面虽然与发达国家存有差距,但与航空发动机节能技术相比,此方面的差距较小,掌握自主核心技术和产品创新的可能性更大。因此,我国应加大此方面的支持力度,出台专门的鼓励航空清洁燃油研发的支持办法和相应的实施细则。

(三)建立大型航空公司排放交易试点机制

2002 年我国民航业体制改革完成,民航局与航空公司之间的关系得以明确。6 大集团公司:中国航空集团公司、东方航空集团公司、南方航空集团公司、中国民航信息集团公司、中国航空油料集团公司、中国航空器材进出口集团公司与民航局脱钩,交由中央管理。民航局下属 7 个地区管理局和 26 个省级安全监督管理办公室,对民航事务实施监管。航空公司,特别是开通国际航线的大型航空公司面临国际性竞争,如国航、东航、南航,这些航空公司会最先受到未来强制性国际航空减排规则的约束。我国的碳排放交易试点于 2013 年在 7 个省市(北京、天津、上海、重庆、湖北、广东、深圳)启动,大型航空公司参与到我国的碳排放交易试点中,能够为国际民航组织正在拟定的国际航空市场措施的规则的应对积累经验,也有助于航空公司实质性减排。值得注意的是,2012 年 7 月,上海市人民政府发布的《关于本市开展碳排放交易试点工作的实施意见》中,将年二氧化碳排放量 1 万吨及以上的航空企业已纳入试点范围,要求试点企业应按规定实行碳排放报告制度,获得碳排放配额并进行管理,接受碳排放核查并按规定履行碳排放控制责任,但上海市如何对于航空公司的跨区域航空排放进行管理,如何与其他省市的排放规则协调,尚需要规则进一步细化。

（四）构建国内航空排放 MRV 制度

我国作为世界上碳排放最多的国家之一，本就应注重排放数据监测结果的准确性，且 ICAO 的 CORSIA 抵消计划也要求所有承担航空运行任务的国家无论是否自愿加入试行阶段都应在规定的时间内建立 MRV 系统，作为飞机运营商的抵消和减排基础。所以国内 MRV 体系的构建应主要集中在：信息的获取和收集，即建立透明的排放数据报告制度；监测和核查的准确性，即确保排放数据的真实性两个方面。对此，我国可以通过建立透明的排放报告机制、设立独立的排放监测核查机构等方式，确保国内 MRV 制度的有效实施。

（五）完善排放配额的分配和价格调节机制

在我国现阶段所建立的碳交易市场中，主要通过行业基准和历史强度下降这两种方式确定排放配额。其中对于耗能较高的产业可采用基于当年实际产量的行业基准法，而对于其他产业则可采取以历史排放强度等数据确定配额的历史强度法。[①] 航空产业主要通过历史排放数据来确定具体的分配数额，这也再次强调了确保排放数据准确监测的重要性。另外，国内碳交易价格的确定可根据我国发展实际采用以市场调节为主、政府管控为辅的方式，即主要通过市场运行对价格进行自主调节，只有在出现因碳价格过高或过低而影响正常交易的情形时，政府才出面通过发放或回收配额的方式进行调节。[②]

（六）加强对减排主体义务履行的监管

相较于全球性减排规则而言，在国内实施减排措施更容易对责任主体的义务履行状况进行监管。我国的碳交易措施主要通过中央政府、地方政府与企业三方主体开展：由中央政府制定总目标、确定分配总量；地方政府主要负责具体的分配

---

① 参见《我国为什么要建设全国碳市场》，载中国碳排放交易网：http://www.tanpaifang.com/tanguwen/2019/0108/62786_4.html，最后访问日期：2019 年 1 月 8 日。

② See Sarah E. Light, "The New Insider Trading: Environmental Markets within the Firm", *Stanford Environmental Law Journal* 34, 2015, p. 7.

与落实工作;由运营人履行排放义务、清缴排放配额。① 因此,加强中央、地方政府与企业之间的领导与监督关系,尤其是地方政府与各减排主体之间的联系十分重要。对此,可以通过签订履行协议与提交定期报告等手段确保减排义务的履行。减排责任主体的义务履行决定了减排目标的实现,只有在构建国内航空减排机制时,加强中央政府的整体调控与地方政府的具体监督作用,才能最大限度地确保航空运营人减排义务的实际履行。

(七)促进国家间减排体系的合作与对接

正是由于航空业所具有的全球性特征,故仅通过单个国家的力量不可能实现航空产业的减排工作,也不可能不受到其他国家减排规则的影响,例如,根据CORSIA全球碳抵消计划的要求,我国国际航班所产生的二氧化碳排放数据也将被提交至ICAO并受到CORSIA计划的监管,所以我国在构建航空碳交易市场的过程中应加强与其他国家碳市场的对接与合作。通过不同国家间碳交易机制的合作,不仅能够解决未来在实施过程中可能出现的适用冲突问题,扩大碳交易规则的涵盖范围、促进减排目标的实现,②对于发展中国家来讲还能在对接过程中借鉴航空发达国家的先进技术和经验,最重要的是通过建立国家之间的碳交易合作机制最大限度地推动减排义务的履行。③ 但是,这种合作毕竟要以国家间利益的协调一致为基础,所以可先从原则性规范入手通过协商交流的形式分阶段逐步实施。

---

① 参见杨涛、李艳梅:《航空运输业碳交易机制的理论研究》,载《中国环境科学学术年会论文集》,中国环境科学出版社2010年版,第1177页。

② 参见黄以天:《国际碳交易机制的演进与前景》,载《上海交通大学学报》(哲学社会科学版)2016年第1期。

③ See James Chapman, "Linking a United States Greenhouse Gas Cap-and-Trade System and the European Union's Emissions Trading Scheme", *Vt. J. Envtl. L.* 11, 2009, p. 24.

结 论

航空排放的国际法治是指国际社会相关各利益方共同崇尚、推动在航空排放问题上达成一个公平、正义的全球性法律制度或框架，并加以遵从，受其约束，以尽可能限制或减少航空排放对环境影响的过程。航空排放的国际法治内核是对“正义”价值目标的追崇，是一个追求“正义”价值目标实现的过程。航空排放的国际法治应当平衡和处理好“国际环境正义”与“国际贸易公平”、“促进航空发展”与“保护环境质量”等价值理念之间的矛盾对立关系，应当顾及不同利益群体的不同诉求。

20 世纪中后期以来，一些国家和国际组织通过国内立法、区域立法和国际立法等不同层面的制度设计对航空排放问题进行法律规制，探索解决问题的方法和路径，积累了宝贵的经验，但也暴露出存在的问题。与国内法治和区域法治相比，航空排放的国际法治具有全球统一、注重协调等优势，尽管目前航空排放的国际法治尚存缺漏，未来的航空排放国际法治如何构架尚存分歧，但航空排放问题应该主要通过国际法治寻求全球解决的政治共识却正在形成。航空排放具有移动性、跨国性、高增长性的特性使国际社会认识到对该问题采取国内法律措施、区域法律措施难以奏效，现有的一般性国际制度对其的管控也极为有限，从法治的实际效果出发，针对航空排放，国际社会亟须建立一套顾及其特殊性、单独但又与其他制度相互兼容的、全球统一的制度体系。

国际法治与国内法治、区域法治在立法主体上存在根本区别。国际民航组织作为联合国体系中行业性专门化国际组织，对国际航空排放规则的形成起着举足轻重的作用,在航空排放的国际法治中发挥着实质性领导作用。由于国际民航组织领导作用的发挥主要体现在提供平台、创造对话空间、倡导立法与政策导向、组织与推进国际社会立法等方面,其任何决议、决定的达成最终依赖于成员国多数的集体意愿。因此,国家仍是航空排放国际法治进程中最基本、最重要的主体,不同国家利益集团之间的博弈最终影响和决定着航空排放国际法治的未来走向。欧盟国家作为全球气候变化法治进程的领跑者,对于航空排放的国际法治有着"特别高"的期待,欧盟国家拟将"欧盟标准"作为重要参照系,把其现行的区域性航空碳排放交易法案国际化、全球化。以美国为代表的"伞形集团"反对欧盟单边航空碳排放交易政策,也不会乐见航空排放国际法治成为"欧盟体系"的"翻版",但同时,这些国家在回避发达国家航空业历史排放责任、漠视发展中国家航空业发展权及反对"区别责任"方面,较之于欧盟国家更为强硬。发展中国家面临的最大挑战是"共同但有区别责任"原则的遵循问题。

国际民航组织及其附属机构通过公约附件、大会决议、宣言、建议、声明、行动计划等推动航空排放国际规则的形成,内容上涵盖航空减排的目标、措施、实施机制等各个方面。国际民航组织设定有航空环境保护宏观总体目标、航空氮氧化物等污染物排放控制目标、航空温室气体排放控制目标,形成了一个相互联系和支撑的体系。在限制和减少航空器发动机排放的措施方面,国际民航组织注意到为促进航空的可持续发展需要一种综合做法。因此,针对技术标准、运行程序、收费与收税、排放权交易及航空替代燃料等不同减排措施开展了一些工作,取得了一些进展。国际民航组织在限制或减少航空排放对当地空气质量的影响方面,采取了强制适用技术标准、提供建议性运行程序、出台有关排放收费的政策性指导等实施机制;在限制或减少航空温室气体排放对全球气候变化的影响方面,采取了确立国际航空温室气体排放中期目标、鼓励各国提交国际航空温室气体减排行动计划、设定综合性基于市场措施的指导、支持援助发展中国家等实施机制。航空排放国际法治目前表现出规制较为全面、比较注重协调统一和灵活推进的特点,但同时表现出效力有限、效率不高、代表性不足、关键领域难以协调等问题。

航空排放国际法治未来发展会受到科学理解不确定、各国航空环境利益不一致、国际航空环境法基本理念不清晰、关键领域制度构架存在严重分歧等制约,今后一段时期内航空排放的国际法治会是一个艰难而又长期的在磨合中推进的过程。航空排放国际法治的领导权问题、航空排放国际法治的国家利益问题、航空碳中和增长的目标实现问题、航空碳排放全球市场措施的构建问题是航空排放国际法治未来发展的核心问题。在科学界、航空运输业界及其他利益相关者共同的持续性努力下,在国际民航组织及其会员国强烈政治意愿的支持下,随着科学认识的不断提高、航空技术的不断进步、国际气候谈判的不断推进及国际共识的不断增加,航空排放国际法治的核心问题会在曲折中寻求解决,航空排放的国际规则体系会日趋完整、基本理念会逐步清晰、法律效力会不断加强。

航空排放的国际法治是一个不可逆转的进程。我国航空排放基数大、增长快,在全球航空排放中占据较高份额,航空排放及其治理问题十分严峻。我国民航节能减排工作目前存在形势认识较准但研究基础薄弱、减排意愿较强但掣肘因素较多、减排目标较明确但措施机制不足等问题。我国应重新考量国际民航组织在航空排放国际法治中的作用、努力寻求共同但有区别责任原则在航空排放国际法治中的实现,准确评估航空排放国际法治进程中各种措施方案对我国的影响,尽力争取我国民航业快速发展的国际空间。此外,我国应系统开展航空排放问题的基础性研究、逐步建立完善的航空减排法规体系,为未来强制性国际航空减排规则做好准备。

参 考 文 献

一、著作类

[1][美]约翰·罗尔斯:《正义论》,何怀宏、何包钢、廖申白译,中国社会科学出版社 1988 年版。

[2]《气候变化国家评估报告》编写委员会:《 气候变化国家评估报告》,科学出版社 2007 年版。

[3][新西兰]迈克·穆尔:《没有壁垒的世界——自由、发展、自由贸易和全球治理》,巫尤译,商务印书馆 2007 年版。

[4] 赵维田:《国际航空法》,社会科学文献出版社 2000 年版。

[5] 王铁崖主编:《国际法》法律出版社 1995 年版。

[6]国家气候变化对策协调小组办公室、中国 21 世纪议程管理中心:《全球气候变化——人类面临的挑战》,商务印书馆 2004 年版。

[7][荷]迈克尔·福尔、麦金·皮特斯主编:《气候变化与欧洲排放交易:理论与实践》,鞠美庭等译,化学工业出版社 2011 年版。

二、论文期刊类

[1]陈承新:《国内"全球治理"研究述评》,载《政治学研究》2009 年第 1 期。

[2]李汝义:《航空碳排放的法律规制域外经验与中国实践》,载《武大国际法评论》2018 年第 4 期。

[3]郝海然:《欧盟航空碳关税引发的法律问题及中国应然立场》,载《天津法

学》2018 年第 3 期。

[4]柴麒敏、傅莎:《全国碳排放权交易市场的经济学分析》,载《中国发展观察》2018 年第 1 期。

[5]王荔红:《浅谈全球治理理论及其制度治理实践》,载《东南亚纵横》2003 年第 11 期。

[6]孟庆芬、李琦:《欧盟航空排放政策的发展及其影响》,载《中国民用航空》2007 年第 2 期。

[7]林鹏:《欧盟航空排放交易实行在即,航空减排路在何方》,载《中国民用航空》2009 年第 12 期。

[8]宣增益:《航空减排路径之探讨——兼评欧盟航空减排交易指令》,载《中国政法大学学报》2011 年第 1 期。

[9]胡晓红:《欧盟航空碳排放交易制度及其启示》,载《法商研究》2011 年第 5 期。

[10]梁咏:《欧盟碳减排的国际法规制——以航空业为例》,载《法学》2011 年第 12 期。

[11]覃华平:《欧盟航空减排交易体制(EU ETS)探析——兼论国际航空减排路径》,载《比较法研究》2011 年第 6 期。

[12]龚宇:《欧盟航空减排新规:法律辨析与应对》,载《国际经济法学刊》2011 年第 4 期。

[13]魏志强、王超:《航班飞行各阶段污染物排放量估算方法》,载《交通运输工程学报》2010 年第 6 期。

[14]刘萍:《航空排放的国际法律规制》,载《法学杂志》2011 年第 9 期。

[15]曾令良:《中国践行国际法治 30 年:成就与挑战》,载《武大国际法评论》2011 年第 1 期。

[16]车丕照:《我们可以期待怎样的国际法治》,载《吉林大学社会科学学报》2009 年第 4 期。

[17]何志鹏:《国际法治:一个概念的界定》,载《政法论坛》2009年第4期。

[18]郑兴无:《聚焦在市场准入——WTO航空运输服务贸易自由化进程及特点》,载《国际贸易》2001年第8期。

[19][日]星野昭吉:《全球治理的结构与向度》,刘小林译,载《南开学报》(哲学社会科学版)2011年第3期。

[20]朱道娴:《跟上全球空中交通管理发展步伐》,载《综合运输》2004年第3期。

[21]张静:《未雨绸缪,迎接未来全球空中交通管理一体化的挑战》,载《空中交通管理》2004年第3期。

[22]史玉:《国际航空排放全球共同治理机制构建》,载《国际论坛》2012年第3期。

[23]刘萍:《单边抑或多边:航空排放法律规制路径分析》,载《暨南学报》2012年第3期。

[24]黄志雄:《非政府组织:国际法律秩序中的第三种力量》,载《法学研究》2003年第4期。

[25]王彦志:《非政府组织参与全球环境治理——一个国际法学与国际关系理论的跨学科视角》,载《当代法学》2012年第1期。

[26]刘萍:《国际航空环境法的演进和发展》,载《北京理工大学学报》2012年第6期。

[27]李楠、董健康:《我国民航业节能减排面临的国际形势与行动对策》,载《综合运输》2009年第11期。

三、学位论文类

[1]张波:《论法治价值目标的定位和选择》,湖南师范大学法学院2001年硕士学位论文。

[2]杨万柳:《国际航空排放全球治理的多维进路》,吉林大学法学院2014年博士学位论文。

[3]孙悦:《欧盟碳排放权交易体系及其价格机制研究》,吉林大学法学院2018年博士学位论文。

[4]马晶:《环境正义的法哲学研究》,吉林大学法学院2005年博士学位论文。

[5]刘衡:《国际法之治:从国际法治到全球治理》,武汉大学法学院2011年博士学位论文。

[6]夏卿:《飞机发动机排放对机场大气环境影响评估研究》,南京航空航天大学民航学院2009年博士学位论文。

四、其他

[1]郑兴无:《航空公司联盟:全球扩张改变其行业竞争格局》,载《中国民航报》2010年4月19日,第3版。

[2]王文嫣:《国际航协呼吁谈判解决欧盟碳税问题》,载《上海证券报》2012年1月18日,第4版。

[3]陈姗姗:《美航企告欧盟征碳排放费,中国民航局吁区别对待》,载《第一财经日报》2009年12月22日,第10版。

[4]张志铭:《法的价值》,载中国法理网:http://www.jus.cn/ShowArticle.asp? ArticleID=3251.,最后访问日期:2013年6月16日。

[5]张代蕾:《"愚蠢号飞机"向航空业"开炮"》,载新华网:http://news.qq.com/a/20070721/000753.htm,最后访问日期:2010年10月20日。

[6]王寰鹰:《欧盟建议暂停征收航空碳税》,载新华网:http://news.xinhuanet.com/world/2012-11/13/c_123945535.htm.,最后访问日期:2014年12月13日。

[7]廖丰:《各方呼吁航空碳排放全球性解决方案》,载新浪财经网:http://finance.sina.com.cn/world/20120211/105411358661.shtml.,最后访问日期:2013年5月11日。

[8]张旸:《美欧航空减排官司开审》,载人民网:http://world.people.com.

cn/GB/15092336. html. ,最后访问日期:2018 年 6 月 7 日。

[9]林红梅:《中国禁止境内航空公司参与欧盟排放交易体系》,载新华网:http://news. carnoc. com/list/212/212950. html. ,最后访问日期:2012 年 8 月 6 日。

[10]邱婧编译:《印度:欧盟航空碳税将成为国际气候谈判障碍》,载民航资源网:http://news. carnoc. com/list/219/219649. html,最后访问日期:2018 年 7 月 12 日。

[11]毛晓晓:《反对欧盟强征航空碳排放税》,载人民网:http://www. people. com. cn/h/2012/0216/c25408 - 3596887349. html. ,最后访问日期:2014 年 5 月 16 日。

[12]张大成:《国际民航组织反对欧盟航空"碳管制"》,载新华网:http://news. xinhuanet. com/world/2011 - 11/03/c_111143482. htm? prolongation = 1. ,最后访问日期:2014 年 1 月 3 日。

[13]《欧盟口气软化,碳排放全球解决方案酝酿待出》,载民航资源网:http://news. carnoc. com/list/223/223280. html,最后访问日期:2018 年 7 月 23 日。

[14]国际航空运输协会:《航空旅客运输量 2014 年预计新增 8 亿》,载环球旅讯网:http://www. traveldaily. cn/article/48305. html,最后访问日期:2012 年 6 月 21 日。

[15]李静云:《欧盟强征碳税,虽遭抵制仍不放弃》,载中国新闻网:http://www. chinanews. com/cj/2011/12 - 13/3527006. shtml. ,最后访问日期:2014 年 5 月 13 日。

[16]陈姗姗:《欧盟称不愿打贸易战,航空碳排放全球方案箭在弦上》,载中证网:http://www. cs. com. cn/xwzx/cj/201205/t20120524_3342692. html. ,最后访问日期 2014 年 5 月 24 日。

[17]黄成勋:《航空业达成全球减排框架协议,将定 CO_2 排放标准》,载搜狐

网:http://news. sohu. com/20101019/n275938955. shtml,最后访问日期:2018 年 11 月 19 日。

[18]马晓舫:《欧盟航空碳税争端恐难提交世贸解决》,载人民网:http://env. people. com. cn/GB/18109310. html,最后访问日期:2016 年 6 月 7 日。

[19]IATA:《国际航协向各国首脑提交航空气候变化建议书》,载民航资源网:http://finance. ifeng. com/air/hkxw/20090924/1277821. shtml. ,最后访问日期:2018 年 10 月 24 日。

[20]何颖思:《国际航协:应该用全球协议替代欧盟碳税》,载新浪财经网:http://finance. sina. com. cn/chanjing/cyxw/20120612/080412287322. shtml,最后访问日期:2019 年 6 月 12 日。

[21]《国际民航组织呼吁各国航空专家出席联合国气候变化框架公约缔约方大会第 17 次会议》,载中国民航局网:http://www. caac. gov. cn/dev/ICAO/GZDT/201112/t20111209_44256. html,最后访问日期:2014 年 10 月 9 日。

[22]王冲、杨爱伦:《气候谈判:发达国家与发展中国家分歧严重》,载腾讯网:http://news. qq. com/a/20080321/000307. htm,最后访问日期:2014 年 3 月 21 日。

[23]刘冰洋编译:《欧盟委员会全力支持推出全球碳排放解决方案》,载民航资源网:http://news. carnoc. com/list/228/228227. html,最后访问日期:2018 年 6 月 13 日。

[24]李媚玲、黄锐:《航空碳税问题欧盟口气软化》,载新京报网:http://epaper. bjnews. com. cn/html/2012 - 02/09/content_316001. htm? div = -1,最后访问日期:2014 年 2 月 9 日。

[25]赵川:《23 国联合宣言:8 条措施反制欧盟航空碳税》,载新浪财经网:http://finance. sina. com. cn/roll/20120228/003611464751. shtml,最后访问日期:2014 年 2 月 28 日。

[26]赵川:《美国掀起反击欧盟“航空碳排放税”的第三波》,载民航资源网:

http://news. carnoc. com/list/231/231044. html，最后访问日期：2014 年 8 月 14 日。

[27]陆振华：《英国气候变化大使：航空排放税争端不是不可解决》，载 21 世纪网：http://www. 21cbh. com/HTML/2012 – 5 – 3/zNMDY5XzQyNzYzNw. html，最后访问日期：2014 年 5 月 28 日。

[28]李志青：《美国因何反对欧盟航空碳税》，载搜狐网：http://lizhiqingsh. i. sohu. com/blog/view/230888129. htm，最后访问日期：2014 年 8 月 3 日。

[29]海芹：《德班气候大会后中国的应对之策》，载中国社会科学网：http://www. cssn. cn/news/498215. htm，最后访问日期：2014 年 6 月 18 日。

[30]新华网：《印度警告欧盟放弃航空碳税》，转载于搜狐网：http://news. sohu. com/20120525/n344049434. shtml，最后访问日期：2018 年 5 年 25 日。

[31]《四大航空公司呼吁制定全球方案解决航空碳排放》，载中国民用航空网：http://www. ccaonline. cn/news/item/23938. html，最后访问日期：2015 年 2 月 13 日。

[32][美]沃伦 · 迈耶（Warren Meyer）：《气候变化怀疑论者的科学根据》，载福布斯中文网：http://www. forbeschina. com/review/201010/0004358. shtml，最后访问日期：2012 年 10 月 19 日。

[33]国际民用航空组织：《国际民用航空公约：附件 1 至 18》，载道客巴巴网：http://www. doc88. com/p – 083650733443. html. ，最后访问日期：2014 年 6 月 18 日。

[34]《中国民航发展概况》，载中国民航局网：http://www. caac. gov. cn/dev/zcfgs/MHGG/200707/t20070702_6034. html，最后访问日期：2012 年 4 月 10 日。

[35]李家祥：《“十二五”期间民航仍将保持快速发展态势》，载中国网络电视台：http://news. cntv. cn/20110225/103474. shtml，最后访问日期：2018 年 2 月 25 日。

[36]赵林：《致力专业节能服务助推绿色民航发展》，载民航资源网：http://

www. bcs. gov. cn/cms/viewarticle/15312,最后访问日期:2014 年 5 月 24 日。

[37]国家民航局、国家发展改革委:《民航行业节能减排规划》,载豆丁网:http://www. docin. com/p - 585421995. html,最后访问日期:2017 年 12 月 15 日。

五、英文文献

[1]ICAO,Environment Report 2007.

[2]ICAO,Environment Report 2010.

[3]ICAO,Environment Report 2013.

[4]ICAO,Environment Report 2016.

[5]ICAO,Doc. 9790,Assembly Resolutions in Force as of 5 October 2001.

[6]ICAO,Doc. 9848,Assembly Resolutions in Force as of 8 October 2004.

[7] ICAO, Doc. 9902, Assembly Resolutions in Force as of 28 September 2007.

[8]ICAO,Doc. 9958,Assembly Resolutions in Force as of 8 October 2010.

[9]ICAO,Doc. 10022,Assembly Resolutions in Force as of 4 October 2013.

[10]ICAO,Doc. 10075,Assembly Resolutions in Force as of 6 October 2016.

[11]ICAO, Action Plan for Reducing Greenhouse Gas Emissions of Brazilian Civil Aviation,2016.

[12]ICAO,UK State Action Plan on CO_2 Emissions Reduction Activities,2016.

[13]ICAO,United States Aviation Greenhouse Gas Emissions Reduction Plan, 2015.

[14] ICAO, India's Action Plan on Reducing Carbon Emissions from Civil Aviation,2015.

[15] ICAO, China's Action Plan to Limit and Reduce CO_2 Emissions from International Aviation,2016.

[16] ICAO, Environmental Technical Manual Volume Ⅱ—Procedures for the Emissions Certification of Aircraft Engines,Doc. 9501 AN/929,2014.

[17] ICAO, Environmental Technical Manual Volume Ⅲ—Procedures for the CO_2 Emissions Certification of Aero planes, Doc. 9501, 2018.

[18] ICAO, Environmental Technical Manual Volume Ⅳ—Procedures for demonstrating compliance with the Carbon Offsetting and Reduction Scheme for International Aviation (CORSIA), 2018.

[19] ICAO, Guidance on the Development of States' Action Plans on CO_2 Emissions Reduction Activities, Doc. 9988, 2016.

[20] IATA, An Airline Handbook on CORSIA, November 2018.

[21] ICAO, Transforming the Global Aviation Sector: Emissions Reductions from International Aviation.

[22] ICAO, Training of Trainers under the ACT-CORSIA Buddy Partnership.

[23] ICAO, "Medium-Term Passenger Traffic Forecasts, 2012.", Accessed May 20, 2015. http://www.icao.int/sustainability/pages/eap_fp_forecastmed.aspx.

[24] Bartels L., "The Inclusion of Aviation in the EU ETS: WTO Law considerations", *ICTSD Trade and Sustainable Energy* 6, 2012.

[25] Pablo M. J. Mendes de Leon, Steven A. Mirmina, "Protecting the Environment by Use of Fiscal Measures: Legality and Propriety", *J. Air L. & Com.* 62, 1997.

[26] Heather L. Miller, "Civil Aircraft Emissions and International Treaty Law", *J. Air L. & Com.* 63, 1998.

[27] Janelle Veno, "Flying the Unfriendly Skies: the European Union's New Proposal to Include Aviation in their Emissions Trading Scheme", *J. Air L. & Com.* 72, 2007.

[28] Daniel B. Reagan, "Putting International Aviation into the European Union Emissions Trading Scheme: Can Europe Do It Flying Solo", *B. C. Envtl. Aff. L. Rev.* 35, 2008.

[29] David B. Hunter, Nuno Lacasta, "Lessons Learned from the European Union's Climate Policy", *Wis. Int'l L. J.* 27,2009.

[30] M. Vittoria Giugi Carminati, "Clean Air & Stormy Skies: The EU-ETS Imposing Carbon Credit Purchases on United States Airlines", *Syracuse J. Int'l L. & Com.* 37,2010.

[31] JeremyWaldron, "The rule of International law", *Harvard Journal of Law and Public Policy* 30,2006.

[32] Paul Stephen Dempsey, "Trade & Transport Policy in Inclement Skies-The Conflict Between Sustainable Air Transportation and Neo-Classical Economics", *J. Air L. & Com.* 65,2000.

[33] Peter H. Sand, "Lessons Learned in Global Environmental Governance", *B. C. Envtl. Aff. L. Rev.* 18,1991.

[34] Tate L. Hemingson, "Why Airlines Should be Afraid: The Potential Impact of Cap and Trade and other Carbon Emissions Reduction Proposals on the Airline Industry", *J. Air L. & Com.* 75,2010.

[35] "Stiff Challenge Facing ICAO after Unprecedented Number of Reservations on Assembly Climate Change Resolution", Accessed June 16, 2014. http://www. greenaironline. com/news. php? viewStory = 1043.

[36] World Resources Institute, Jenna Goodward & Alexia Kelly, "Bottom Line on Offsets", Accessed August 12, 2010. http://www. wri. org/publication/bottom-line-offsets.

[37] ICAO, "ICAO Council Agrees to Further Narrow Down MBM Options as Work towards a Global Emissions Deal Progresses", Accessed July 2, 2012. http://www. greenaironline. com/news. php? viewStory = 1485.

[38] Sean Lengell, "Europeans Eye Tough Emissions Rules for Airlines", *Wash. Times*, 2006-12-21(3).

[39] Barbara Lewis, "EU Aims to Reach Airline Emissions Deal: Commission", Accessed July 12, 2012. http://www. reuters. com/article/2012/07/12/us-eu-airlines-carbon-idUSBRE86B0Y520120712.

[40] Jos Delbeke, " A New Flight plan-Getting Global Aviation Climate Measures off the Ground. European Commission", Accessed February 12, 2012. http://ec. europa. eu/clima/news/articles/news_2012020701_en. htm.

后 记

本书是在我的博士后研究报告的基础上修改而成，是我主持的中国博士后科学基金面上资助项目“航空排放的国际法律控制及中国对策研究”（编号：86692）的研究成果之一，也是西北政法大学国际法前沿问题研究青年学术创新团队研究成果之一。本书的出版获得西北政法大学航空法治现代化协同创新中心科研经费资助。

对航空排放国际法治的关注缘于2008年欧盟通过的2008/101/EU号指令及后续一系列立法配套措施，根据该指令，欧盟将会对自2012年起抵达或离开欧盟成员国境内机场的所有航班（包括国际航班）的碳排放纳入欧盟碳排放交易体系。欧盟这种区域性单边举措引发国际社会普遍质疑和反对，但其也在客观上促使国际社会加快了通过国际民用航空组织等多边机构推动航空排放国际法治的进程。国际民航组织于2010年第37届大会确立了自2020年起实现国际航空碳中和增长的目标，2016年第39届大会形成了以国际航空碳抵消与减排机制为基础的国际航空减排制度框架，此后，国际民航组织按照自己的路线图持续推进国际航空减排工作。与《巴黎协定》“国家自主贡献”“自下而上”的制度设计不同，国际民航组织采取的是“多数赞成即可通过”“自上而下”的制度设计模式，因此，国际民航组织在规制航空排放问题时显得更为“高效”，民航业也成为首个通过行业组织建立全球碳排放市场机制的领域，其发展进程对全球气候治理体系将会产生深远影响。

本书旨在以航空排放的国际法治为研究对象，对航空排放国际法治的基本内涵、诉求缘由、立法主体、现有基础、未来发展等基本问题进行探究和梳理，并结合我国民航业发展现状及我国民航节能减排工作中存在的问题，提出我国的应对之策。由于航空排放的国际法治处在快速发展过程之中，本书虽历经数次修改，依然存在对一些问题的把握和分析深度不够的问题，这将成为笔者后续进一步跟踪研究努力的方向。

本书在各位良师益友的帮助下，得以顺利出版，需要感谢的人很多。

感谢我的博士后合作导师重庆大学法学院曾文革教授！从课题的选择到成果的最终完成，曾老师不仅在论文写作上给予我精心指导，同时还在研究方法、工作思路上帮我指点迷津、拓展思路，精心点拨、热忱鼓励。

感谢西北政法大学国际法学科带头人王瀚教授！王瀚教授是我进入国际法学术研究殿堂的引路人。作为授业恩师和老领导，王瀚教授在我遭遇困难之时谆谆教导，他以身作则、坚持不懈的学术精神和热情总是打动着我、鞭策着我，使我不敢懈怠。

书稿的撰写还得到西北政法大学国际法学院刘亚军教授、李燕教授、李万强教授、姜晰教授、潘俊武教授、张光教授、王泽林教授，重庆大学法学院程燎原教授、胡光志教授、黄锡生教授、秦鹏教授、宋宗宇教授、陈伯礼教授和西南政法大学邓纲教授、徐以祥教授、杨树明教授、王玫黎教授的指导和帮助！

此外，重庆大学黄晖、陈娟丽、田路、袁振华、周钰莹、肖峰、林婧同学和西北政法大学冯帅、王瑀、王思炜、郝辉、孙永恩同学，都曾在我博士后研究和工作期间给予我不同方面的帮助，使我在学术精进的同时也收获了难得的同学情谊。时隔经年，一些同学现已成为知名高校的教授、副教授，或在法律实务界风生水起，在此衷心希望他们收获幸福人生！

刘　萍

2019 年 12 月于西安

图书在版编目(CIP)数据

航空排放的国际法治 / 刘萍著. -- 北京 : 法律出版社, 2020
(中国航空法文库)
ISBN 978-7-5197-4824-1

Ⅰ. ①航… Ⅱ. ①刘… Ⅲ. ①航空-二氧化碳-排污交易-国际环境法学-研究 Ⅳ. ①D996.9

中国版本图书馆 CIP 数据核字(2020)第 143410 号

航空排放的国际法治
HANGKONG PAIFANG DE GUOJI FAZHI

刘 萍 著

策划编辑 沈小英
责任编辑 沈小英 张泽华
装帧设计 汪奇峰

出版 法律出版社
总发行 中国法律图书有限公司
经销 新华书店
印刷 北京虎彩文化传播有限公司
责任校对 王晓萍
责任印制 吕亚莉
编辑统筹 法治与经济出版分社
开本 710 毫米×1000 毫米 1/16
印张 13
字数 217 千
版本 2020 年 9 月第 1 版
印次 2020 年 9 月第 1 次印刷

法律出版社/北京市丰台区莲花池西里 7 号(100073)
网址/www. lawpress. com. cn
投稿邮箱/info@ lawpress. com. cn
举报维权邮箱/jbwq@ lawpress. com. cn
销售热线/400-660-8393
咨询电话/010-63939796

中国法律图书有限公司/北京市丰台区莲花池西里 7 号(100073)
全国各地中法图分、子公司销售电话:
统一销售客服/400-660-8393/6393
第一法律书店/010-83938432/8433 西安分公司/029-85330678 重庆分公司/023-67453036
上海分公司/021-62071639/1636 深圳分公司/0755-83072995

书号:ISBN 978-7-5197-4824-1 **定价**:68.00 元